초등학교 때 학교에서 소풍갔다 오는 날이면 캄캄한
밤에야 집에 돌아오는 것이 예사였다. 친구들하고
동네 어귀까지 오면 어머니들이 나와 기다리시다가
각기 자녀들을 데리고 집으로 가셨다.

그러나 나의 어머니는 한 번도 그렇게 하신 적이 없었다.
자연히 다른 친구들이 엄마의 치마폭에 싸여 집으로
돌아가고 나만 혼자서 걸어가는 것이었다.

집에 들어가면 어머니는 저녁밥을 준비해놓고
등잔불 아래에서 바느질을 하며 나를 기다리시다가
반갑게 맞으시며 말씀하셨다.
"다른 엄마들이 동네 어귀까지 많이 나오셨지?
나는 왜 안 나갔는지 아니? 나는 너를 믿으니까."

병호야, 나는 너를 믿는다

어머니가 돌아가신 지 몇 개월 안된 어느날,
우리 형제 중에서 제일 못생기고 병약하며
가장 바보스런 여동생이 수녀원에 간다고 나섰다.
동생방에 들어가 이런 저런 상념에 하염없이 빠져있었다.

그러다 우연히 책상 아래로 눈이 갔다.
휴지통에 깨알 같은 글씨의 종이쪽지들이 찢겨있었다.
몇 개를 꺼내 펴보니 '주여 당신 종이 여기 왔나이다.
하얀 소복 차려 여기 왔나이다.' 라는 글귀였다.
불살라버리려고 찢어둔 일기였다.
나는 갑자기 성가를 만들고 싶은 충동이 생겼고,
그 쪽지들을 차례로 배열해 두고 그 위에 곡을 붙였다.

떠나는 날 아침, 악보를 동생의 봇짐에 끼워주며
오빠의 기도가 담긴 노래이니 시간날 때마다,
또 힘들고 어려울 때마다 불러보라 권했다.

                    여동생 봇짐에 끼워준 악보

내가 만난 가톨릭

흰물결

ⓒ 2006 흰물결

확실한 암호

엮은이 가톨릭다이제스트
펴낸곳 도서출판 흰물결
펴낸이 박수아
표지그림 일랑 이종상
        '성당가는 미류나무 길'

초판 1쇄 발행일 2006년 6월 23일
초판 4쇄 발행일 2022년 10월 4일

주　소 06595 서울 서초구 반포대로 150
　　　　흰물결아트센터 4층
등　록 1994. 4.14. 제3-544호
대표전화 02-535-7004
팩　스 02-596-5675
이메일 mail@cadigest.co.kr
홈페이지 catholicdigest.co.kr

값 15,000원
ISBN 978-89-9533384-6 03040

확실한
암호

가톨릭 그 신비로운 세상 8

가톨릭 그 신비로운 세상

종교는 아주 좁은 세상이라고 단정하고 살았다. 일방적 세계관을 강요하는 종교인들을 만나면 종교처럼 꽉 막힌 세계도 없는 듯 여겨졌다. 가톨릭이라고 특별히 다를 거라고 생각하지 않았다. 오로지 하느님이라는 단 하나의 존재를 향해 가는 그 단순함은 세상의 다양한 가치를 추구하는 것과는 비교할 수도 없이 답답할 거라는 생각을 갖고 살았다.

그런데 나는 가톨릭 신자들을 만나 그들이 가톨릭을 어떻게 만났고 가톨릭을 통해 어떤 변화를 겪었는지를 들으면서 내 생각이 오히려 닫혀있다는 것을 알게 되었다. 세상 사람들이 추구하는 가치라고 해봐야 결국 돈이나 명예, 권력 같은 눈에 보이는 것들뿐이었다. 과학이나 철학도 실상 인간의 눈으로 잴 수 있는 것들만 탐구하는 작은 세계였다.

놀랍게도, 가톨릭은 그것들을 이미 담고 있었을뿐더러 인간 세상에서는 듣지도 보지도 못한 진기한 것들을 간직하고 있었다. 세상의 시작과 끝은 물론 내 안의 작은 떨림과 나뭇잎의 스침, 우주의 생성과 소멸까지 담아내고 있었다.

나는 부끄러웠고 가톨릭을 알아야겠다고 마음먹었다. 그런데 세상에는 가톨릭을 이미 알고 있는 사람들이 너무나 많았다. 좋은 대학을 나오고 알아주는 직업이 있으며 수많은 책으로 풍부한 지식을 갖고 있다고 자부해온 내가 꿈에도 가보지 못했던 세상을 그들은 이미 체험하고 실천하고 있었다.

가톨릭을 만난 사람은 자신을 죽이고 새로 태어났다. 위세를 부리던 사람도, 세속의 영광을 자랑스러워하는 사람도 가톨릭을 만나면 어느덧 자신을 낮추고 말았다. 가난을 하소연하기만 하던 사람도 가톨릭을 만나면 남에게 나눠줄 것을 찾았다. 나보다 가진 것도, 아는 것도 없어 보이는 사람들조차 오히려 더 크고 열린 세계를 살고 있는 이유가 참 궁금했다.

몇 년 전 어느 성당에서 이런 나의 체험을 신자들에게 들려주었다.

강의가 끝나고 신부님께서 강의료를 주셨는데 받지 않고 돌아왔다. 몇 년이 지나 다시 그 성당에서 강의를 하게 되었다. 강의 후에 신부님께서 저금통 하나를 내미셨다. "한 푼 두 푼 형제님을 생각하며 모았습니다. 강의료를 받지 않으시니 뜻있는 일을 하시는 데 쓰십시오."

백 원짜리 천 원짜리…. 세어보니 자그마치 120만 원이 넘었다. 그분은 변호사인 나에 비하면 가진 것이 쥐뿔도 없어 보였다. 그런데 그 가난한 신부가 나에게 가치 있는 일에 쓰라며 그 큰돈을 주다니….

〈장자〉에 이런 대목이 나온다. 장자가 왕을 만나러 온다고 하자 왕은 지혜로운 장자에게 왕의 자리를 빼앗길까 봐 죽이려 한다. 그러자 장자는 자신의 마음을 이렇게 표현한다.

　그대는 저 남쪽 나라에 사는 한 신비로운 새
　영원히 죽지 않는 신령한 새를 아는가

이 불멸의 새는 남녘 바다에서 날아올라
저 북녘 바다로 날아가는데
신성한 나무 위가 아니면 내려앉지 않고
가장 고결하고 귀한 열매가 아니면 입 대지 않으며
오로지 가장 순수한 샘에서만 물을 마신다.

한번은 올빼미가 반쯤 썩은 쥐를 뜯어 먹고 있다가
하늘을 비상해 가는 이 불사조를 보았다.
올빼미는 놀라 비명을 지르고는
쥐를 빼앗길까 두려워 꽉 움켜쥐었다.

〈확실한 암호〉는 썩은 먹잇감을 빼앗길까 두려워하는 올빼미들의
이야기가 아니다. 그렇다고 신성한 나무 위가 아니면 내려앉지 않고,
고결한 열매가 아니면 입 대지 않는 신령한 새들의 이야기도 아니다.
올빼미이기도 하고 신령하기도 한 우리 모두의 이야기다. 올빼미 세

상에서 사는 우리들이지만 우리들에게는 신령한 새처럼 살았던 기쁨, 그렇게 살고자 했던 소망이 있다.

〈확실한 암호〉는 그 기쁨과 소망을 세상 사람들과 함께 나누고자 하는 염원을 담았다.

각양각색의 사람들이 흥미롭게 펼치는 우리 삶 속의 살아있는 이야기를 통해 가톨릭의 아름다움, 가톨릭의 신비로움을 접해보시기 바란다. 아마 눈에서는 눈물이 흐르고 얼굴에는 기쁨이 번지는 그런 아름다운 시간들이 함께 할 것이라 확신한다.

2006. 5. 18
서초동 흰물결 사무실에서

윤 학

다시 만나기를 희망하며

세월이 멈춰버린 듯 아무것도 바뀐 것이 없는 앳된 모습 그대로였다.
찌든 얼굴에 꼬깃꼬깃 세속의 때가 묻은 것 같은 내 모습이 초라하게 느껴졌다.
"저와 함께 활동했고, 제가 알고 있는 그 수녀님 맞죠?"
수녀님은 잔잔한 미소와 보일 듯 말 듯 고개를 살짝 숙이는 것으로 답하셨다.

곽명호 신부

첫 번째 만남

신학교에 들어가기 전 나는 중고등부 주일학교 교사를 했다. 그런데 그때 교사들은 나를 비롯하여 모두 다 엉큼한 사람들이었다. 한결같이 성소의 꿈을 키워가고 있었지만 아무도 먼저 성소에 대한 이야기를 꺼내는 사람이 없었고, 오히려 그런 말이라도 나올라치면 모두들 화들짝 놀란 듯 펄쩍 뛰었다. 그러나 그 엉큼스러움에 대하여 서로가 서로를 모르지 않았고, 오히려 확신마저 하고 있었다.

누가 먼저랄 것도 없이 교사들은 매일 새벽 미사에서 만나게 되었는데, 어느 날부터인가 낯 모르는 아가씨가 눈에 띄었다. 얼마 지나지 않아 그는 우리와 함께 주일학교 교사를 하게 되었는데, 엉큼스러운 성소의 꿈에 대한 시치미가 오히려 한 수 위였다.

무엇이 그리도 좋은지 교사들은 거의 매일 만났다. 어느 날은 모처럼 시내에서 만나기로 했다. 그런데 모두들 시내 외출에는 숙맥인지라 모두 함께 아는 커피숍이 없어 어디에서 만날지 전전긍긍하고 있었다.

그때 그가 어느 종합병원 이름을 대며 거기는 다 알고 있으니 그 병원 대기실에서 만나자고 제의했다. 모두들 어리둥절했지만 그의 재치와 엉뚱함에 폭소를 터뜨렸다.

종합병원 대기실은 얼굴 표정이 밝은 사람을 찾기 힘든 곳이라 쏙닥거리고 키득거리며 앉아 기다리고 있기가 참 머쓱했다.

그래서 내가 먼저 "아무것도 안 시키고 앉아있으려니 좀 미안하죠?" 했더니, 그는 대뜸 "그럼 아스피린 한 접시하고 페니실린 주사약 두 잔 시킬까요?"라고 대답했다. 그의 맑고 장난기 어린 얼굴과 쾌청한 웃음 그리고 재치 있는 유머 감각은 우리 모두를 즐겁게 해주었다.

그해 여름 우리 교사들은 어느 한적한 섬으로 연수를 갔다.

민박집 우물가에서 새 옷으로 갈아입고 나오는 그에게 한 양동이 그득 담긴 물을 머리에 부으며, 자못 엄숙한 목소리로 "성부와 성자와 성령의 이름으로 ○○○에게 세례를 줍니다."라고 능청을 떨며 세례갱신식을 했다.

응당 그 쾌청한 웃음소리와 함께 치열한 물싸움이 벌어질 것으로 예상했다. 그런데 그는 너무나 경건한 모습과 표정으로 받아들일 뿐 아니라, 오히려 평화롭고 기쁜 얼굴에 눈물까지 글썽이고 있었다.

골리앗 손바닥보다도 더 큰 플라타너스 이파리가 뒹굴던 가을에 나는 보고 싶은 사람들을 뒤로한 채 신학교 입학시험을 준비하느라 정신이 없었다. 해가 바뀌고 겨울이 끝날 무렵 나는 신학교에 입학했다.

두 번째 만남

설렘 반 두려움 반으로 신학생이 되고 나서 첫 여름방학을 맞아 주일학교에 나가보았다. 그런데 보여야 할 몇몇 사람들이 보이지 않았다. 모두 수도원에 입회를 했단다. 모두들 그러려니 했지만 가장 놀랐던 것은 그가 카르멜봉쇄수녀원에 입회를 했다는 사실이었다.

약사연수를 한 달간 다녀온다던 그가 수녀원에 입회하여 교사들조차 한동안 소식을 몰랐다는 것이다. 가톨릭 신자가 하나도 없었던 그의 집에서도 그를 찾느라 한바탕 큰 난리가 났었단다.

면회를 갔었다…. 쇠창살이 가운데 놓인 면회실에 앉아있으니 미닫이 문짝이 하나씩 열리면서 그의 모습이 시야에 들어왔다. 한동안 말이 없었다. 그저 어이없는 눈으로 물끄러미 바라만 보았다. 아니 뭐라고 불러야 할지, 무슨 말을 해야 할지 생각이 나질 않았다. 나는 하얀 와이셔츠의 신학생으로, 그는 검은 수도복의 카르멜수녀님으로 바뀌어 있었다.

수녀님이 먼저 말을 했다.

"학사님! 세례갱신식 생각나세요? 그때 하느님이 학사님을 통해 무슨 일을 하고자 하시는지 저는 알았답니다."

둔탁한 나무망치로 얻어맞은 느낌이었다. 나는 묻는 듯 마는 듯 선문답하듯 이렇게 말했다.

"가운데 쇠창살이 있는 것을 보니 분명 둘 중 하나는 갇혀있는 것인데, 누가 갇힌 것입니까?"

그랬더니 수녀님은 주저 없이 이렇게 답하셨다.

"저는 한 번도 갇혀있다는 생각을 해본 적이 없으니, 갇혀있다면 학사님이 갇혀있을 거예요…."

나는 오래도록 수녀님의 이 말씀을 기억하고 묵상했다.

세 번째 만남

그 후 여섯 해가 지나고 나는 사제서품을 받았다. 함께 교사 생활을 했던 모든 수녀님들을 찾아가 미사를 드렸는데, 그중 카르멜수녀원을 제일 먼저 찾았다.

나는 그곳 카르멜수녀원 강론 때 이렇게 말했다.

"여기 계신 어떤 수녀님께 신학생 시절에 면회를 와서 '면회실 가운데 창살이 있으니 누가 갇힌 것이냐'고 물은 적이 있었는데, 그 수녀님은 당신은 한 번도 갇혔다는 생각을 해본 적이 없으니 학사님이 갇혀있을 것'이라고 하셨습니다.

과연 수녀님의 말씀은 옳았습니다. 저는 지금까지 욕심, 이기심, 교만함, 미움, 편견, 아집의 창살에 갇혀있었습니다. 이제 저도 수녀님들과 같이 진정한 자유인이 되고 싶습니다. 부족한 절 위해 기도해주십시오…."

수녀님은 여전히 맑고 투명한 얼굴에 쾌청한 웃음으로 나의 사제서품을 축하해주셨다.

네 번째 만남

간밤의 비바람으로 노란 은행잎이 흐드러지게 쏟아져 내리던 늦은 가을날, 수녀님으로부터 종신서원을 한다는 조그맣고 초라한 카드 한 장을 받았다.

종신서원을 하시던 날에는 겨울비에 싸락눈까지 내려 한기가 스멀스멀 몸속을 파고들었다. 특이한 카르멜수녀원의 복장과 철창을 사이에 두고 하는 서원식은 묘한 느낌으로 나를 압도하였다.

꽃으로 장식된 십자가 위에 낮게, 아주 낮게 엎드려 있는 수녀님… 조금은 파리한 듯하면서도 화장기 없는 맑은 얼굴… 그리고 꾸밈없이 맑은 성가 소리… 분명 그것이 아닌데도 삶의 서러움이 덕지덕지 붙어있는 듯한 세상과는 아주 먼 곳처럼 다가왔다. 맑다 못해 투명해 보이는 얼굴… 평화롭고 잔잔한 미소… 나지막하고 편안한 목소리….

이곳엔 세월이 멈춰버린 듯 아무것도 바뀐 것이 없는 앳된 모습 그대로였다. 찌든 얼굴에 꼬깃꼬깃 세속의 때가 묻은 것 같은 내 모습이 초라하게 느껴졌다.

"저와 함께 활동했고, 제가 알고 있는 그 수녀님 맞죠?"

수녀님은 잔잔한 미소와 보일 듯 말 듯 고개를 살짝 숙이는 것으로 답하셨다.

비둘기호는 화물칸 세 칸에 객실 두 칸을 달았는데 덜컹거리는 문짝과 좌석도 옛날 시골 버스 모양 빙 둘러앉아야 하는 기차였다. 시종일관 비몽사몽인 아저씨, 피곤에 찌든 듯 간신히 눈을 치켜뜨는 어느 시골 아낙, 시장바구니 안에서 놀란 눈으로 연신 고개를 갸우뚱거리는 토종닭 한 마리, 한기가 스며드는 것을 애써 점퍼 깃을 세워 막아보려는 어느 떠꺼머리총각….

비둘기호 기차는 삶의 한복판을 지나 진눈깨비가 몰아치는 길을 덜그럭거리며 잘도 달렸다.

다섯 번째 만남

후텁지근하고 끈적거리는 장마가 시작된 6월 어느 날, 수녀님이 돌아가셨다는 소식을 들었다.

5년 만에 다시 수녀원을 찾았다. 종신서원식 때 꽃장식 십자가 위에 나지막이 엎드려 계셨던 바로 그 자리에 이제는 너무나 평안한 모습으로 누워계셨다.

"수녀님 죄송합니다. 이 동기생이 너무나 무심했습니다. 그러나 수녀님 이제야 진정한 자유인이 되셨습니다. 그런데 수녀님! 우리가 또 만날 수 있을까요? 저는 수녀님과 다시 만날 것을 희망하는데요…."라고 중얼거렸지만, 수녀님의 답변은 고요한 침묵뿐이었다.

미사를 집전하신 신부님이 말씀하셨다. "여러분, 이 젊은 수녀님의 죽음을 슬퍼하지 마십시오. 오히려 기뻐하십시오. 수녀님은 바로 오늘이 천상탄일이기 때문입니다….”

6월의 장맛비가 어찌나 우악스러운지 금세 붉은 황토물을 쏟아내며 사방공사 중인 성당 옹벽이 금방이라도 쏟아져 내릴 것만 같다. 대충 우비를 꿰어 입고 반바지에 슬리퍼 차림으로 삽을 찾아들고 내려가 보았지만 속수무책이다.

“그~래 내려라, 비만 오면 무덤가 청개구리처럼 울어댄 적이 어디 한두 번이냐?”

이렇게 푸념을 하면서도 어쩐지 시원스레 쏟아지는 비가 싫지 않은 것은 웬일까? 핑곗김에 비나 실컷 맞아보자. 거적때기 같은 거 다 쓸려나가도록 비나 실컷 맞아보자.

시끄럽고 혼잡스러운 데 있으면 속이 울렁거리는 **곽명호** 신부는
마늘 장사처럼 소탈하게 생겼다 하여 별명도 '마늘 장사'다.
혼자 낚시하고 활쏘기를 즐기며 소주 한 잔에 얼굴 뻘개지고,
두 잔이면 숨 가쁘고, 세 잔이면 응급실에 실려 가는 시골 신부이다.

사기꾼 유기분 나와라

어느 날 "사기꾼 유기분 나와라." 소리에 나가보니
남자 9명에 여자는 나 하나 모두 오랏줄로 굴비 엮듯이 묶고
수갑을 채우더니 경찰서를 드나드는 사람들 모두가 볼 수 있는
출입문 앞에 세워놓고 전시를 시키는 것이었다.

유기분 성서봉사자

"하느님이냐 재물이냐? 아무도 두 주인을 섬길 수 없다."_{마태}
6, 24

계획했던 모든 사업이 끝장난 후 독일의 어느 성전 작은 감실
앞에 앉았을 때 내 심령 깊은 곳에서 나는 소리였다.

두 아들 유학도 시키고 돈도 벌고 무엇보다 주님의 일을 해야
겠다며 나는 독일 땅에 모든 희망을 걸고 전 재산을 정리하여
독일 북부 케벨라어Kevelear 성모 발현지로 떠났다.

독일에 살고 있던 동생의 안내로 그곳에 3층 건물을 얻어 성

지순례객들을 상대로 아시아 레스토랑을 해볼 계획이었다. 나의 주선으로 친구 부부도 투자하여 순풍에 돛단 듯 계획이 착착 진행되어 갔다.

'주님이 내 기도 들어주셨구나!' 거듭거듭 기뻐하고 있는데 이게 웬 청천벽력인가! 그곳은 성모 발현지라서 타국인에게 영업 허가를 내줄 수 없다는 통지였다. 레스토랑 공사가 마무리 단계에 들어갔는데 계획이 일시에 물거품이 된 것이다.

모든 걸 포기하고 빈손 들고 한국으로 돌아가야 할 처지가 되었다. '주여, 어찌 할까요?' 달리는 차에 뛰어들고 싶은 충동뿐 앞이 막막했다.

원망 반 푸념 반으로 기도 아닌 기도를 하며 요나처럼 달려들던 나는 문득 주객이 전도되었음을 깨달았다. 그때까지 나의 참주인은 하느님이 아니고 돈이었다. 가족과 친구의 빗발치는 원망, 그 휘몰아치는 풍랑 속에서 "하느님이냐, 재물이냐? 두 주인을 섬길 수 없다."는 말씀은 한 줄기 빛이었다.

나는 고꾸라지며 "하느님을 선택하겠습니다." 다짐했다. 그 순간 분노와 슬픔에서 자유로워짐을 느꼈다.

1983년 우리 부부는 한국으로 돌아왔다. 주머니에 땡전 한푼 없이 김포공항에 도착하니 오갈 데 없는 막막한 처지였다.

'주님, 이제 이 거지 행색으로 어디로 갈까요? 한국을 떠날 때 선망과 기대로 환송하던 여러 친지들 앞에 불과 몇 년도 안되어 이렇게 거지꼴이 되어 나타났으니 어떻게 해야 될까요?' 이혼당하고 그때까지도 혼자 살고 있던 올케 집으로 체면 불구하고 찾아갔는데 뜻밖에도 반갑게 맞아주었다.

그러나 또 하나의 산이 기다리고 있었다. 같이 투자한 가족이 사기꾼으로 나를 경찰서에 고발한 것이다. 내 몸의 끈이란 끈은 구두끈까지 다 풀고, 시계도 묵주도 압수당하고 결국 철창 안에 갇히게 되었다.

생소한 유치장에서 날마다 이제 내 인생은 끝났다고 생각했다. 다 낡은 칫솔로 칫솔질하고 나면 거두어가 다음날 누구의 것인지도 모르는 칫솔을 써야 했고 언어는 처음부터 반말이고 갖은 욕설이 난무했다.

그때 나는 무작정 굶기로 작정하고 기도만 계속했다. 그러면 내 아들 또래의 전투경찰이 기도도 못하게 하고 "사기꾼 유기분 지금 뭐해?" 소리소리 질러댔다.

'주님, 나는 억울합니다. 주님, 내 마음 알지 않습니까? 잘해 보려고 같이 시작했던 일이 아닙니까.'

이렇게 기도하고 성서를 펼쳤더니 "불의하게 고난을 겪으면서도, 하느님을 생각하는 양심 때문에 그 괴로움을 참아내면 그것이 바로 은총입니다."베드 2, 19라는 말씀이 나왔다. 하느님의 음성이 나를 만진 것이 분명했다.

'아! 하느님이 내 억울함을 아시는구나.'

기쁨과 희망이 솟아나니 감방 안에서 같이 고생하고 있는 사람들의 얼굴이 보이기 시작했다. '아! 이곳이 황금어장이구나!'

조금 전까지 죽음의 골짜기였던 곳이 말씀을 듣는 순간 천국으로 바뀌었다. 전투경찰들의 눈을 피해 복음을 전하기 시작했다. 억울하고 서러운 사연들도 들어주고 서로 위로하면서 지냈다. 면회 온 우리 가족은 죽을상을 하고 있는데, 유치장 안에 있는 내가 도리어 평안하고 담대하여 주님이 해결해주실 것이니 걱정말고 기도하라고 위로하는 처지가 되었다.

어느 날 "사기꾼 유기분 나와라." 소리에 나가보니 남자 9명에 여자는 나 하나. 모두 오랏줄로 굴비 엮듯이 묶고 수갑을 채우더니 경찰서를 드나드는 사람들 모두가 볼 수 있는 출입문 앞에 세워놓고 전시를 시키는 것이었다. 그 부끄러움! 경멸에 찬 눈빛에 눈물이 앞을 가렸다.

그때 내 마음 깊은 곳에서 음성이 들렸다. "나는 너의 죄 때문에 수많은 사람들 앞에서 오랏줄에 묶여 온갖 조롱과 멸시와 침 뱉음을 당했다. 네가 주님의 길을 따른다고 나에게 약속하지 않았느냐! 나는 너를 위해 오랏줄에 묶이었다."

나는 그분의 강력한 음성과 빛에 몸을 가눌 수조차 없었다.

맹꽁이 차에 실려서 의정부교도소로 옮겨졌다. 5촉짜리 희미한 전구가 달린 독방에 수감되었다. 사방이 트여있는 화장실이 가까워 똥냄새가 진동했다. 그 냄새가 먹지 못한 내 비위를 자극하여 구역질과 현기증으로 쓰러지고 말았다.

문득 일어나 기도를 하는데 갑자기 이상한 언어가 튀어나오면서 나는 부르짖기 시작했다.

"주님, 이 깜깜한 감방에 주님이 함께하신다면 똥냄새가 나지 않게 해주세요."

기도가 끝나자 그 생똥냄새가 딱 나지 않았다. 깜깜한 감방에도 주님이 함께하신다는 생각을 하니 용기가 생겼다. 그때 검사 심문을 받으러 가자고 간수 아저씨가 소리쳤다.

검사가 "진실된 마음으로 솔직히 말하시오." 해서 나는 사실대로 말했다. 검사의 독백처럼 말하는 한마디, "별 큰 죄도 아닌 것을." 그러나 그때는 무슨 말인지 알지 못했다.

감방으로 들어오기 전에 간수는 사람들 앞에 나를 발가벗겨 세워놓고 앞으로 옆으로 뒤로 차례차례로 사진을 찍어댔다.

나는 부르짖었다. "너무 부끄러워요!"

그때 처음으로 나는 주님의 음성을 들었다. "나의 딸아, 너는 몇 사람 안되는 사람 앞에서 옷을 벗어도 부끄러우냐? 나는 수많은 사람 앞에 지금도 네 죄 때문에 십자가에 발가벗겨 있지 않느냐?"

감방에는 아이를 낳은 스물여섯 살의 젊은 여인을 비롯해 찌들린 사연으로 얼룩진 각양각색의 여인들이 모여있었다. 이곳에 오지 않았다면 이들의 아픔과 한을 내가 어떻게 알 수 있으리오. 나는 3일간 그들에게 주님의 복음을 전했다.

   4일째 되는 토요일 오후 감방 스피커가 크게 울렸다.

   "죄수 1623번 유기분은 무혐의로 석방된다."

   그 후 우리 내외는 열심히 일해서 빚을 한 푼도 남김없이 다 갚았다. 한평생 은총과 복에 겨워 사는 이 몸, 영원히 주님 집에 거하리이다.

   "나는 우리 주 그리스도의 십자가 외에는 어떠한 것도 자랑하고 싶지 않습니다." 갈라 6, 14

작은 시골 마을에 사는 **유기분**은 유기농법을 가르쳐준 분의 말대로
고약한 냄새가 나지만 거름을 만들어 과일나무와 야채를 키운다.
농약 치지 않은 햅쌀밥에, 집에서 띄운 청국장과 시골 김치를
이웃과 나누어 먹는 맛은 어디에도 비길 수 없다.

병호야, 나는 너를 믿는다

초등학교 때 학교에서 소풍 갔다 오는 날이면
캄캄한 밤에야 집에 돌아오는 것이 예사였다. 친구들하고
동네 어귀까지 오면 어머니들이 나와 기다리시다가
각기 자녀들을 데리고 집으로 가셨다. 그러나
나의 어머니는 한 번도 그렇게 하신 적이 없었다.

이병호 주교

"너도 학교에서 친구들하고 사귀다 보면 필요할 때가 있을 테
니 이제부터는 용돈을 주겠다."

초등학교 3학년 때쯤 어머니로부터 이런 말씀과 함께 내가 마
음대로 쓸 수 있는 돈을 처음 받았을 때 나는 갑자기 키가 한 뼘
이나 자란 것 같았다. 나는 그 돈이 어디에서 나왔는지를 잘 알
고 있었다. 몇 마리 안되는 닭에서 얻은 계란을 모아두었다가
판 돈이기가 십상이었던 것이다. 그런 만큼 나는 돈을 함부로
쓸 수 없었다.

그래도 꼭 필요할 때 쓰고 나서 어머니께 돈이 떨어졌다고만

말씀드리면 어떻게 해서든 호주머니를 다시 채워주셨다. 어디에 썼느냐고 물으시는 일은 결코 없었다.

오히려 내 쪽에서 "어머니는 왜 내가 돈을 어디에 썼는지 묻지 않으세요?" 하고 물으면 어머니는 대답하셨다.

"나는 너를 믿으니까."

이 말씀을 들었을 때, 또 그 뒤에 돈을 주시며 아무 말씀도 하지 않으실 때마다 나는 계속 키가 한 뼘씩이나 크는 것 같았다.

초등학교 때 학교에서 소풍 갔다 오는 날이면 캄캄한 밤에야 집에 돌아오는 것이 예사였다. 친구들하고 동네 어귀까지 오면 어머니들이 나와 기다리시다가 각기 자녀들을 데리고 집으로 가셨다. 그러나 나의 어머니는 한 번도 그렇게 하신 적이 없었다. 자연히 다른 친구들은 엄마의 치마폭에 싸여 집으로 돌아가고 나만 혼자서 걸어가는 것이었다.

집에 들어가면 어머니는 저녁밥을 준비해놓고 등잔불 아래에서 바느질을 하며 나를 기다리시다가 반갑게 맞으시며 말씀하셨다.

"다른 엄마들이 동네 어귀까지 많이 나오셨지? 나는 왜 안 나갔는지 아니? 나는 너를 믿으니까."

나는 또 한 번 키가 한 뼘이나 컸다. 그리고 엄마의 치마폭에 싸여 돌아간 친구들이 어쩐지 딱해보였다.

"나는 너를 믿는다."

어머니는 내가 자라는 과정에서 중요한 계기마다 이렇게 말씀하셨다. 그리고 그때마다 나는 성장의 계단을 하나씩 착실히 올라간다는 뿌듯함을 느꼈다.

거기에다 중학교 1학년 때이던가? 어느 더운 여름날, 일을 하고 잠시 쉬는 사이에 어머니가 나에게 말씀하셨다.

"나는 네 어머니만이 아니고 네 친구이기도 하다."

친구라는 말이 그때 나를 얼마나 한꺼번에 쑤욱 크게 만드는 힘을 발휘했던가!

사랑 가득 찬 눈으로 바라보며 "나는 너를 믿는다." 하신 어머니의 말씀 속에는 종합비타민 알약처럼 교육에 필요한 것이 다 들어있었다. 나는 그것을 아주 어렸을 때부터 온몸이 기쁨으로 차오르는 감동과 함께 절실히 느꼈던 것 같다.

사람다운 사람이 되게 하는 참된 의미의 교육은 남이 시켜서 되는 일이 아니다. 암탉이 자신의 체온으로 알을 따뜻하게 품어주기만 하면, 그 속에서 아주 복잡하고 신비스러운 과정을 통해 병아리가 형성되듯이 사람이 되게 하는 과정도 마찬가지이다. 물리적인 체온보다도 부모의 신뢰와 사랑이라는 온기가 결정적이라는 점이 다르다면 다르다고 할 것이다.

"나는 너를 믿는다." "나는 네 친구다." 적기適期에 어머니로부터 들은 이런 말씀은 내 안에서 신비로운 힘을 발휘하여 속 깊이 들어있는 성장력을 자극하고 자긍심을 갖게 하였다.

그래서 다른 사람들은 몰라도 어머니에게만은 절대로 거짓말을 하거나 사소한 일로라도 속일 수가 없었다. 그리고 무엇에 관해서도 친구처럼 다 이야기할 수가 있었다.

그런데 우리 어머니는 어디서 이런 지혜를 얻으셨을까? 자녀의 성장 과정에서 가장 적당한 시점을 잡아 아주 간단하지만 요술 같은 힘을 발휘하는 말씀을 들려주실 수 있는 그 지혜가 도대체 어디에서 나왔을까?

겨우 한글을 터득하시어 책을 상당히 읽기는 하셨지만 정규

교육이라고는 전혀 받아보신 적이 없는 분인데…. 지금도 어릴 때처럼 나에게는 이 점이 참으로 신비롭게 느껴진다.

'내가 만난 가톨릭'이 내게 주어진 제목이지만, 나는 가톨릭을 '만나'지 않았다. 나는 그 세계 안에서 '태어난' 것이다. 어머니, 아버지, 두 분 다 한국천주교 초창기 박해 시대까지 거슬러 올라가는 신앙 가정 출신이시다. 그리고 내가 자란 동네 또한 우리나라에서는 드물게 주민 거의 모두가 가톨릭 신자였기 때문에 동네에서는 모두 세례명으로 통했다.

매일 새벽에 드리는 미사 말고도 아침 저녁기도, 묵주신공, 돌아가신 집안 어른들을 위한 연도까지가 십자고상에 꿇어 온 가족이 함께 드리는 기본 기도였다. 그리고 농촌의 바쁜 생활 가운데서도 성당에서 하는 각종 활동에 빠진다는 것은 머리에 떠올릴 수조차 없었다.

이런 식으로 이루어진 전체적 삶의 분위기에서 그런 지혜가 떠올랐을까? 평범한 일상생활 속에서 잔잔하게 활동하시는 성령의 비추심이었을까? 어린 나이에도 나는 어머니의 모습을 보며, 정규교육에서는 도저히 가르치고 배울 수 없는 어떤 빛과 지혜가 분명히 있다고 생각했다.

이제는 만남이라고 할 수도 있을 어머니와의 인연은 나에게 그런 빛과 지혜의 세계에 대해 무한한 향수를 가지게 한다.

순교자의 고장인 전주교구 제7대 교구장인 **이병호** 주교는
2007년 교구 설정 70주년 준비로 바쁘다.
하느님의 눈으로 바라보고, 아들의 마음으로 느끼며,
성령의 힘으로 실천하자는 다짐으로 하루하루를 살아가고 있다.

할아버지 지게와 수녀원

내가 대착복식을 하고 난 후에 할아버지께서 엄마를 보고,
"에미야, 우리 집도 이제 대가가 되었구나." 하셔서
엄마가 "무슨 대가인가요?" 하고 여쭙자
"집안에 수녀가 나면 대가니라." 하셨다.

황베드로 수녀

나는 3대째 내려오는 독실한 구교 가정에서 태어났다. 다섯 살 때 할아버지 무릎에서 소아문답을 졸졸 외운 덕에 유치원 수녀선생님에게 각별한 사랑을 받아 '이다음에 키 크면 수녀님이 될 테야.' 하는 야무진 생각을 싹틔우기도 했다.

한편으로는 저녁달이 중천에 뜨도록 동네 아이들과 어울려 맘껏 뛰놀고, 아침에는 늦잠에 푹 빠져보는 행복을 얼마나 누리고 싶어 했는지 모른다.

그러나 저녁이면 할아버지의 길고 긴 기도에 묶여 숨기놀이 친구들을 다 놓쳐버렸고, 우리 동네 그 많은 아이들 중에 새벽

미사 시간은 꼭 나 혼자에게만 찾아왔다.

그뿐만이 아니었다. 너무 일찍 배운 천주십계명은 마치 머리에 뒷박을 쓴 것처럼 나를 짓눌러 내가 어린아이로서의 기분을 활짝 펼쳐보기도 전에 죄를 잔뜩 붙들고 씨름하는 숙맥이 되게도 했다.

여섯 살 때 치악산으로 소풍 가서 국향사에 모신 부처님께 인사 한 번 꾸뻑한 걸, 일곱 살 첫 고해 때부터 열네 살까지 매번 "부처님께 절했습니다." 하고 고했으니 아예 죄목이 떨어져 나갈까 봐 두려운 아이 같았다.

이렇게 기도와 십계명에 눌려 지내다 보니 날이 갈수록 마음에 쌓이는 불만은 이만저만이 아니었다. 속으로 '다른 할아버지들은 다 돌아가셨는데 우리 할아버지는 왜 안 돌아가시나?' 되뇌이기도 했다.

불편하고 원망스러운 마음이 극도에 이른 어느 날, 거짓말처럼 갑자기 활기찬 해방의 날이 찾아왔다. 중학교 1학년 깊은 겨울 새벽이었다. 할아버지는 여느 때와 같이 내 방 앞을 지나가시면서 "시간 됐다." 하시고는 뒤란으로 세수하러 가셨다.

그런데 그날은 더 이상 참을 수 없다는 반항심이 일어나 나는 속으로 '안 가!'하고 외쳤다. 이런 내 마음을 조금도 짐작 못하

시는 할아버지는 마루로 올라오시면서 다시 "시간 됐다." 하시
고 나는 점점 오기가 나서 '가나 봐!' 하면서 이불 속으로 쏙 들
어갔다.

그날은 왠지 겁도 안 나고 할아버지 뜻을 거역하고 말겠다는
결심이 굳어졌다. 할아버지는 봉당으로 내려가시면서 "아, 시간
됐어." 세 번째 독촉을 하셨지만 나는 끝내 대답을 안하고 심술
을 부렸다.

그날따라 어찌 그리 시간이 빨리 갔던지 금방인 듯한데 벌써
할아버지는 미사참례를 하고 돌아오셨다. 그제야 '갔다 올걸!'
하는 무거운 후회와 함께 크게 꾸중 들을 각오를 하면서 화로를
들고 사랑방으로 들어갔다.

뜻밖에도 할아버지는 담담한 표정으로 "죽으면 썩을 육신을
그렇게 위해서 무엇 하려느냐?" 풀 없이 말씀하시고는 더 이상
아무 말씀이 없으셨다. 그 순간, '아무리 공을 들여도 소용이 없
구나.' 하는 한탄스러움으로 서글퍼하시는 할아버지의 마음을
깊이 느끼면서 나는 뉘우침으로 마음이 흔들렸다.

그다음 날부터는 혼자서도 일찍 일어나 세수하고 할아버지
성당 가시는 길을 따라나섰다. 새벽달 등지고 그림자 앞세우고

꽁꽁 얼어붙은 맨손에 묵주 들고, 마음 문 활짝 열어 씩씩하게 푹푹 빠지는 눈길을 걸었다.

고등학교 1학년이 되면서 '무엇을 하면 할아버지가 제일 좋아하실까?' '수녀원에 가는 거지.' 내가 묻고 내가 대답했다. 그 후로 나는 두 번 다시 마음을 바꾸지 않았다.

내가 수녀원에 가던 날 할아버지는 마당 가운데에 지게를 내다 세우시고 "택시 부르지 마라. 내가 지고 가마." 하시면서 대청마루에 놓인 이불 보퉁이며 옷궤를 번쩍 들어서 지게에 얹으시고 지게꼬리로 단단히 묶으셨다.

나를 수녀원에 데려다 놓고 대문을 나서면서 "순명 잘하고 잘살아." 하는 엄마에게 나는 대답도 안했다. 문제도 아닌 당부라고 생각했다. 할아버지께서 "육정을 끊어라." 하셨을 때도 대답은 건성이었고 문제없다는 마음이 확고했다.

그런데 다음날 나는 감당할 수 없이 할아버지가 보고 싶고 동생들이 그리웠다. 식탁에는 우리 식구 하나도 없이 낯선 수녀님들만 빼곡히 앉아계시고 대 침묵 속에서 밥을 먹는데 속에서는, '시골 밥상에서 웃고 떠들고 국도 쏟으면서 법석 피우던 따뜻한 온돌방이 내 집이지.' 하는 생각이 들어 눈물이 펑펑 쏟아졌다.

이제 꽉 짜여진 시간표대로 수도자가 되는 과정을 공부하고 익혀야 하는데 그 경황에 왜 그리 잠은 쏟아지는지, 앉아서도 졸고 걸으면서도 졸고, 심지어는 '모세', '성의', '십계' 그 좋은 영화를 보여주는데도 시작부터 끝까지 불편한 자세로 졸다가 나왔다.

성인이 되는 건 나중 일이고, '천당이라는 곳이 이럴 때 잠자는 것보다 더 좋은 곳일까?' 하는 생각이 들기도 했다. 그런데 이상한 일도 있다. '자유의 날'이 오면 아침부터 취침 시간까지 하루종일 눈이 말똥말똥 맑았다.

내가 대착복식을 하고 난 후에 할아버지께서 엄마를 보고, "에미야, 우리 집도 이제 대가大家가 되었구나." 하셔서 엄마가 "무슨 대가인가요?" 하고 여쭙자 "집안에 수녀가 나면 대가니라." 하셨다고 했다.

돌아가실 무렵 몸을 가누지 못하시면서도, 나를 위해서는 꼭 무릎 꿇고 앉아서 기도하셨다는 할아버지. 내가 수녀원에 오던 날 할아버지 등에 얹혀온 짐이 할아버지 어깨에는 짐이 아니라 사랑이고 희망이었듯이, 나에게 얹히는 작은 짐들도 찬란한 햇빛과 고향의 풀꽃이 담아준 기쁨인 양 늘 노래로 퍼 올리며 오늘을 산다.

수도 생활을 선택한 내가, 46년 세월로 익은 포도주 마냥 참으로 대견스럽고 보람스럽기 그지없다.

어린이 마음으로 쓴 동시로 새싹문학상. 대한민국문학상 등을 받은 **황베드로** 수녀는
금방 성인이 될 거라는 열망에 불탔던 입회 때와 달리 아직 길이 멀다는 생각을 한다.
세월이 갈수록 행복해지는 수도 생활에도 간혹 고통스러운 일이 있지만
수도 생활이 서로의 마음 밭에 사랑의 물을 퍼부어주면서 함께 손잡고 가는 것이기에
젊은이들에게 용기 있게 성소의 밀밭을 일구라고 권한다.

벨기에 신부에게서 배운 한글 사랑

그분들의 전 재산은 닳고 닳은 성경책 한 권뿐이었다.
그러면서도 어쩌면 그렇게들 좋아하는지 몰랐다. 허전, 쓸쓸
그런 것은 그림자도 찾아볼 수 없었다. 늦둥이 대학생인 내가
처음으로 배운 것은 '아무것도 지니지 않은 이의 행복'이었다.

윤석중 아동문학가

내 나이 스물여덟 살이던 1939년 봄, 10년 만에 다시 배움의 길에 오른 나는 맡고 있던 〈소년〉이라는 아동 잡지 뒤끝에 다음과 같은 작별 인사말을 남기고는 올망졸망 처자를 거느리고 대한해협을 건너 도쿄로 갔었다.

"들입다 퍼 쓰기만 한 나의 지식의 우물은 마침내 바닥이 나고야 말았습니다. 물이 나지 않는 우물은 메워버리거나 더 깊이 파야 합니다. 나는 마침내 더 깊이 파기로 하고, 일손을 멈추고서 유학의 길을 떠납니다."

사회생활 10년 만에 다시 배움의 창 앞에 앉고 보니, 오래간 만에 다시 돌기 시작한 물레방아 모양 뻑뻑하고 서먹서먹하고, 어색하기 짝이 없었다. 늙은 학생인 나를 선생인 줄 알고 인사 를 하려 드는 풋내기 학생도 있었다.

〈소년〉 잡지를 내던 신문사에서 신문학 공부를 해오라고 장 학금을 대주어 상지대학 신문학과에 든 것이었다. 그때만 해도 세월없고 만만한 학과가 신문학과였다.

내가 다닌 학교는 독일 신부들이 해나가는 가톨릭 계통의 상 지上智대학이었다. 학교 마당에 마음을 닦는 수련관이 있고, 성 당도 조그맣게 차려놓았었다.

그들 신부 중엔 부호서껀, 학자서껀, 문학자서껀, 고루 섞여 있었는데 돈과 지위와 명예를 헌신짝처럼 팽개치고 만리타향 섬나라에 와서 육영사업에 헌신하고 있었다. 그분들의 전 재산 은 닳고 닳은 성경책 한 권뿐이었다.

그러면서도 어쩌면 그렇게들 좋아하는지 몰랐다. 허전, 쓸쓸 그런 것은 그림자도 찾아볼 수 없었다. 늦둥이 대학생인 내가 처음으로 배운 것은 '아무것도 지니지 않은 이의 행복'이었다.

학교에 '구레吳상으로 불리는 충청도 태생 청소부가 한 분 계섰다. 아침부터 저녁까지 손에서 빗자루와 걸레가 떠날 날이 없었다. 사람 눈에 안 띄는 곳까지 샅샅이 치우는 것이 그의 일과였다. 학교 마당에 코 푼 종이라도 뒹굴고 있으면 송충이를 본 것처럼 달려가 얼른 휴지통에 집어넣곤 하였다.

그러면서도 그는 청소를 천직으로 알고 항상 싱글벙글 웃고 지냈다. 학장이나 교수는 하루를 빠지더라도 아무렇지 않았지만, 그가 쉬는 날에는 먼지 속에서 더러운 하루를 보내게 되는 것이었다.

잡지 편집 경험이 소문이 나서, 벨기에 태생 고라르 신부가 나를 불러 〈빛〉이라는 가톨릭 잡지 꾸미는 일을 맡긴 적이 있다. 그는 일본 집 한 채를 전세 내 한글 활자를 구해다가 조판소를 차리고는 한국 고학생을 시켜 판을 짜고 리어카로 인쇄소에 날라다가 다달이 몇만 부씩 박아 우리나라로 부치는 것이었다.

우리말과 우리글을 야금야금 빼앗겨 들어가던 판이어서 이 얄팍한 잡지는 나라말 사랑의 구실을 크게 하였다.

신부의 침실은 활자를 꽂아 버티어 세워놓은 나무 궤짝 사이의 맨바닥이었고, 그가 병원에 입원했을 때는 입원실이 곧 편집실이었다. '빛' 하면 '빚'으로도 들려 싫어들 하겠으니 '성가정聖家庭'으로 고치자고 해서 그의 뜻을 따랐다.

우리보다 한글을 더 사랑하고 소중히 여기는 그를 사귄 뒤,
정작 우리들의 애국심이 얼마나 속이 비었으며 겉치레뿐인가를
깨닫게 되었다.

학장 신부의 개인지도로 가톨릭 교리를 깨쳐나가다가 발견한
것은, 내 마음의 눈알이 근시近視라는 딱한 사실이었다.

"무한히 뻗어있는 기차를 생각해보자. 아무리 끝이 없더라도
맨 앞에는 기관차가 이끌고 있을 것 아닌가! 아득히 뻗어있는
기차를 우리네 인간에 비긴다면, 맨 앞에서 끌어주는 기관차야
말로 천주님이 아니겠는가!" 학장 신부는 이런 비유를 들면서
얼굴에 가득 웃음을 띠는 것이었다.

말라붙은 지식의 우물을 더 깊이 파들어 가고자 10년 만에 이
역 땅에 나타난 내가 발견한 물줄기는 보이는 '지식의 샘'이 아
니라 보이지 않는 '마음의 샘'이었다. 마침내 나는 '요한'이라는
세례명을 얻었다.

묵고 있는 셋집에서 대학까지 가려면, 고오지마찌성당 앞을
꼭 지나야 되고, 대학 이웃에도 성당이 늙은 학생을 지켜보며
도사리고 있어 나의 신앙은 나날이 굳어졌다.

태평양전쟁이 험해지자 일본 정부는 대학 졸업식을 몇 달 앞

당기도록 하고는 학생들을 학병으로 끌고 갔다. 전쟁터에서 속절없이 목숨을 잃은 글 벗들이 뒤를 이어 생겼다.

나에게도 징용장이 나와 한국으로 와버렸다. 그래서 졸업장도 받지 못했다. 하지만 나는 졸업장보다도 귀중한 선물을 받았다. 대학 수련관에서 세례받은 것이었다.

일본에서 성당 있는 동네에서 살다가 고국에 돌아와서는 혜화동성당 근처에 집을 얻어 살게 되었는데, 혜화동, 정릉, 반포, 방배동… 오늘에 이르기까지 이사를 해도 성당을 이웃하게 되었고, 부처님을 모시고 살아온 아내 또한 가톨릭을 받들게 되니, 내가 성당을 찾아다니며 이웃하고 살아온 것이 아니고 성당

1939년, 조선일보 계초장학금으로 두 번째 일본유학을 가게 된 필자를 축하하는 동요 모임을 경성 보육학교 강당에서 가졌다.

이 우리들을 따라다닌 거나 다름없다.

　십여 년 전 방배동 지금 사는 아파트로 옮겨왔을 때는 성당 없는 동네였다. 우리가 이사 온 뒤에 길 건너 수풀을 헤치고 방배동성당이 생겼으며, 신자가 넘쳐 길 건너에 또 한 채의 새 성당을 짓고 있으니 우리가 성당을 찾아 다니는 게 아니라 새로 지은 성당이 우리를 불러주는 거나 다름없다.

　박 데레사와 윤 요한 늦둥이 신자 내외가 방황과 무심과 무성의 끝에 인생의 바른길에 들어서게 된 것은 그때 그 신부님들 덕분이었다.

　이제 아흔을 바라보는 우리 내외가 그분들의 은혜를 갚으려면 뒤를 이어 새로 태어나는 우리나라 어린이들의 동심이 멍들지 않도록 마음을 맑고 밝고 깨끗하게 길러주는데 앞장서는 부지런한 시중꾼이 되어야겠다.

이 글을 쓸 당시 아흔을 바라보는 나이에도 웃음과 유머로
즐거움을 주셨던 **윤석중**은 2003년 하늘로 거처를 옮겼다.
그러나 '낮에 나온 반달', '도리도리 짝짝꿍', '퐁당퐁당' 등
그의 동요와 동시들은 아직도 우리의 가슴에 남아있다.

예상 못한 승진

감정이 앞서 아이들에게 욕설을 하고 매를 먼저 들게 되고
부부간의 언쟁도 자주 하게 되었다. 가족 간의 관계가 황폐해지던
어느 날, 너무나 무력하고 보잘것없는 나 자신을 돌아보게 되었다.

강동순 방송위원회 상임위원

지금 나의 심정은 나무 위에 올라가 두려움 속에서 예수님을
먼발치서 쳐다만 보다가 예수님의 부르심에 용기를 내어 예수
님 앞에 나간 세리 자캐오가 된 느낌이다.

아직도 가톨릭을 안다고 말할 수 있는지? 언제 가톨릭을 만
났다고 할 수 있는지? 지금도 만나고 있는지? 모든 것이 자신
이 없을 뿐이다. 하지만 세리 자캐오가 고백성사를 하듯이 용기
를 내어본다.

나는 병으로 휴학한 2년을 포함하여 고교 시절 5년과 졸업 후

1년 넘는 6년여 동안 신경증이라는 보이지도 않는 병마에 시달렸다. 잠을 못 이루고 식욕이 없고 시력이 감퇴하고 숨이 차서 호흡이 곤란한 지경을 당하고 보니 자연 주변 사람들까지 피하게 되었다. 어찌나 심적인 고통이 컸던지 사춘기 시절 삶을 거의 포기하다시피 했다.

천신만고 끝에 겨우 대학에 들어갔는데 '죽음에 이르는 병'이라는 노이로제로부터 탈출하기 위해 친구의 소개로 1967년 서강대에 계신 신부님으로부터 세례를 받고 성당에 나가게 되었다. 하지만 신앙의 불이 붙기도 전에 냉담하게 되는 일이 발생했다.

그해 가을 YMCA 영어 회화 모임에서 우연히 만난 여인과 서로 사귀게 되고 곧 깊은 관계가 되었다. 계산 없고 순수한 불꽃 같은 사랑이 지속되면서 내 건강도 많이 호전되었다.

그런데 교제하는 사람이 3살짜리 딸아이가 있는 이혼녀로 나보다 연상이라는 사실이 부모님께 알려지면서 나는 집에서 쫓겨났다. 그 여인과 살림을 살게 되었고 그때부터 고백성사도 하지 못하고 자연스레 냉담자가 되었다. 그 후 나는 KBS에 입사하여 건강도 완전히 회복하고 아들, 딸 낳고 살면서 부모님과도 화해했다.

어느덧 아이들이 성장하여 사춘기가 되면서 우리 부부의 힘으로는 도저히 감당해낼 수 없는 일이 생겼다. 아이들의 말과 행동이 거칠어지고 대학에 연이어 낙방해 장래가 걱정되는 지경까지 이르렀다. 나도 감정이 앞서 아이들에게 욕설을 하고 매를 먼저 들게 되고 부부간의 언쟁도 자주 하게 되었다.

가족 간의 관계가 황폐해지던 어느 날, 너무나 무력하고 보잘 것없는 나 자신을 돌아보게 되었다. 아이들은 어른들의 뒷모습을 보고 자란다는 말도 있는데 내가 아이들에게 너무 본보기가 못되는 생활을 하는구나 반성하면서 1986년 처와 함께 다시 성당에 나가기 시작했다.

두 아이가 알 수 없는 병에 걸려 생명이 위독하자 아내도 세례를 받고 열심히 주님 앞에 나가 기도했다. 점차 우리 가정도 밝아졌다. 아이들도 대학에 들어가더니 모두 세례를 받았다.

그러던 어느 날 대학에 다니던 아들 녀석이 술에 취해 늦게 귀가해 대뜸 엉뚱한 질문을 던졌다.

"아버지는 예수님의 부활을 믿습니까? 죽어서 천국에 가는 것, 구원받는 것을 믿습니까? 성모님의 동정 잉태를 믿습니까?"

순간 당혹스러웠지만 내 느낌을 그대로 말해주었다.

"글쎄, 나도 모든 것을 믿는다고 자신 있게 말할 수는 없다. 그렇지만 인간에게는 아니라고 증명할 능력도 없다. 나는 인간으로서 부족한 것이 너무 많기 때문에 하느님을 믿고 따르려고 노력하면서 마음의 평화를 찾으려는 것이다.

영국의 어느 작가가 '인간은 부분을 우주라 하고 순간을 영원이라 부르며 모르는 것을 기적이라고 한다.'라는 말을 했듯이, 우리 인간이 자신을 무기력한 존재라고 느낄 때 믿음이 시작되는 것이 아닌가 생각한다. 적어도 우리가 성당에 나가 좋은 성가를 듣고 좋은 사람들 만나고 예수님의 좋은 말씀을 듣고 평화로운 마음으로 한 주일을 성찰하는 것이 나쁠 것 없다고 생각한다."

다행스럽게도 아들은 하느님 곁을 떠나지 않았다.

아들은 대기업에 입사하여 사내에서 같은 신자인 배필을 만났다. 살림을 나가 따로 살면서도 주일이면 아들 내외가 우리 성당에 나와 성가대 단원으로 열심히 활동하는데 그 모습이 대견스럽다.

3살 때 만나 내가 특별히 따뜻하게 보살펴주지 못해 늘 안쓰러운 마음을 갖고 있는 큰딸 연주는 하느님 은총으로 착한 장로님 댁 아들과 결혼해 두 딸을 낳고 대학에 강의를 나가고 있다.

첫 아들을
낳은 후 아내와 함께

작은딸 미영도 의사인 선한 남편을 만나 아들 하나를 낳았고 대
학에 출강하고 있다.

　내가 병마 속에 헤맬 때 편안한 안식처가 되어주었고 37년이
란 세월 동안 내 인생의 반려이자 내 수호천사가 되어 준 아내
김춘희 모니카는 대학강의를 나가면서 성경을 매일 읽고 빠짐
없이 새벽기도를 드리는 열심인 신자이다. 나를 물질의 유혹에
빠지지 않도록 도와준 검소한 주부이기도 하다.

　그래서 나는 '하느님은 우리가 원하는 것보다 항상 더 주신
다.'고 생각하며 항상 하느님께 감사하는 마음으로 살아왔다.

우리가 원하는 것보다 더 많은 것을 주시는 하느님의 은총은 참으로 놀랍게 정년을 몇 달 앞두고 내 인생에 다가왔다.

30년 동안 정들었던 회사와 마지막 이별을 준비하고 있는데 아무도 예상하지 못한 일이 발생했다.

오래전부터 준비해온 분들을 제쳐두고 과분하게도 내가 KBS 감사로 선임되었다. 아무런 준비도 없었던 나는 주님께서 역사하셨다는 말밖에 할 수가 없었다. 인간의 눈으로 보면 거의 기적에 가까운 일이었기 때문이다.

그 순간 마지막 덤으로 하게 된 공직생활이니 조금이라도 세상의 빛과 소금이 되라는 예수님의 말씀이 들리는 듯했다.

나는 하느님께서 나에게 맡기신 것이 무엇인가 생각해보았다. 국민이 낸 수신료로 운영되는 공영방송인 KBS의 감사로서 독립성과 객관성, 엄정함과 투명성의 원칙을 지키는데 내 할 일이 있는 듯싶다.

"교회 밖에서도 구원을 받을 수 있다."고 선언한 제2차 바티칸공의회의 혁명적인 포용력과 십자군 전쟁이나 유대인 학살 등 과오를 깨끗이 인정하는 가톨릭이 나는 정말로 좋다.

가톨릭처럼 남을 인정하고 끊임없이 쇄신하는 것이야말로 이웃을 사랑하고 세계평화에 기여하는 길이 아니겠는가 생각해본다. 최근 '자신이 절대적인 선이라고 선언하는 그 자체가 악이 될 수 있다.'고 한 어느 종교학자의 말처럼 우리 자신도 위선적인 바리사이파일 수도, 착한 사마리아인이 될 수도 있다는 것을 염두에 두고 살아야 참 신앙인이라고 생각한다.

하느님은 변변치 못한 이 마르띠노에게 분에 넘치는 많은 축복을 내려주셨다. '죽음에 이르는 병'에서 구해주셨고 철없고 맹목적인 가정을 성가정으로 만들어주셨고 험한 이 세상에서 무능한 나를 무사하게 이끌어주셨다.

예수님이 죄 많은 자캐오를 불러주시고 자캐오의 집에 머물면서 용서와 희망을 주신 것처럼….

73년 KBS 공사1기로 입사해 한 직장에서 31년간 근무한 **강동순**은 명절날 직장 상사 집에 인사 한번 간 일 없고, 골프도 칠 줄 모르며, 그 흔한 주식투자도 안해봤다. 이렇게 사회성이 부족하지만(?) 사랑하는 아내와 자식들 덕분에 하루하루가 행복하다.

마음을 열어 하느님께

나는 가끔 아버지가 없었으면 좋겠다는 생각을 했다.
어린 시절을 돌아보면 그냥 눈물이 난다. 그것은 분명 악몽이었다.

김봉기 신부

오 남매 중 셋째로 태어난 나는 말 그대로 문제 가정에서 자라났다. 문제는 어이없게도 집안의 가장인 아버지 때문이었다. 6·25사변 이후 오랜 군 복무 생활을 한 아버지는 그 후유증으로 편집증 환자가 되어있었다.

집안은 하루도 편할 날이 없었다. 어머니와 우리 오 남매는 매일 이어지는 아버지의 이유 없는 폭력에 고통받아야 했다. 아버지는 우리 형제들을 당신 자식이라고 생각조차 않으시는 것처럼 보였다. 주위에 있는 모든 사람을 의심했고, 시비를 걸고 싸움을 걸었다.

결국 큰형은 외가댁으로 피해 갔고, 어머니와 다른 형제들은 매일 공포에 시달리며 생활했다. 아버지의 폭력은 끝이 없어 어머니는 정신적 육체적 고통이 겹쳐 늘 병원 신세를 졌다.

동생들에게도 병마가 덮쳤다. 막내는 간질병을, 바로 밑의 여동생은 뇌성마비에 걸려 집안과 형제들에게 더 큰 절망을 안겨 주었다. 나는 가끔 아버지가 없었으면 좋겠다는 생각을 했다.

어린 시절을 돌아보면 그냥 눈물이 난다. 그것은 분명 악몽이었다. 하느님의 자비하심과 돌보심이 없었더라면, 그리고 어머니의 끝없는 희생이 없었더라면 나는 그 악몽에서 영원히 깨어나지 못했을 것이다.

나는 이 모든 것을 숨기면서 생활했다. 이웃 사람들이 아무리 비난과 동정을 퍼부어도 학교와 교회에서만은 아주 평범하고 부유한 집 아들처럼 행동했다. 물론 선생님들과 신부님들은 우리 집안 사정을 어느 정도 아셨고 그분들의 보이지 않는 도움도 많이 받았다.

또한 모든 것을 아버지의 뜻과 반대로 행동했다. 아버지가 '늘 사람을 의심하고 믿지 마라.' 하시면 나는 친구들과 이웃들을 믿으려고 애썼고, '하느님을 믿으면 밥이 나오느냐 국이 나오느냐.'고 하시면 어머니와 함께 교회에 나갔다. 공부하지 말라고 하시면 더 열심히 공부했다.

그리고 원수 같은 아버지이지만 잘해드리려고 노력했다. 아버지는 이처럼 부끄럽게도 공포의 대상이었지만, 한편으로 불쌍한 분이셨다. 때리면 맞고, 어떤 때는 안 맞으려고 집에 들어오시면 불편한 점이 없으시도록 정성을 다했다.

작은형은 아버지의 부당함에 맞서 끝까지 힘으로 달려들어 싸웠지만 나는 아버지를 안아드렸다. 그러면서 아버지가 조금씩 나아지기 시작했다.

나는 악착같이 공부해서 고등학교와 대학에 진학했고 아르바이트를 하고 형들의 도움을 받아 가며 어렵게 학교를 다녔다. 장애와 병으로 늘 몸이 불편했던 어린 동생들도 힘들어하면서도 열심히 공부했다. 주위 사람들도 우리 형제의 모습을 보면 칭찬을 아끼지 않았다.

어느 날 나를 참으로 아껴주시는 신부님을 만나게 되었다. 나는 그분에게도 나의 모든 것을 감추며 지냈다. 그런데 신부님이 먼저 당신의 집안 사정을 말씀하시며 자신을 열어 보이셨다.

이웃에게 자신의 상처를 열어 보이고 부족한 점을 보여야 상처를 치유받을 수 있고 자신의 발전을 도모할 수 있다고 하시며 그분은 늘 자신의 부족한 점만 말씀하셨다. 그것이 그렇게 멋있을 수가 없었다.

그 신부님과 함께했던 3개월은 참 행복한 시간이었다. 그럼에도 나는 나의 아픔과 상처를 계속 숨겼고, 나의 현실을 말할 수 없었다.

신부님이 떠나시기 며칠 전 가까스로 나는 모든 것을 털어놓으리라 마음먹었다. 한 맺힌 나의 절망과 고통을 신부님께 말씀드렸다. 신부님은 나를 부둥켜안고 우셨고 나도 울었다.

그렇게 내 자신을 열어 보이는 순간 해방감이 찾아들기 시작했다. 나 같은 환경에서 자란 인간은 아무것도 할 수 없다는 절망의 늪에서 조금씩 헤엄쳐 나올 수 있었다. 아버지에 대한 미움과 원한의 속박에서 벗어나 가식이 아닌 진정한 사랑의 기쁨을 조금씩 맛보게 되었다. 아버지를 진정으로 사랑하게 되었다.

대학교 4학년 초 가을바람이 선선하게 불어올 무렵, 나는 아버지에게 사제가 되기 위해 신학교에 다시 입학하겠노라고 말씀드렸다.

아버지는 큰 충격을 받으시며, 우리 같은 집안에 어떻게 신부님이 나올 수 있겠느냐고 하셨다. 아버지는 완강하게 반대하셨지만 이번에도 나는 아버지의 말씀을 듣지 않고 성소의 길을 택했다.

내가 사제의 길을 선택하고 하느님과 교회에 속하게 되면서 처음에는 나만 행복해지는 것 같아 가족들에게 무척 미안했다. 하지만 가족과 모든 근심 걱정을 하느님께 맡겨드리자 우리 집 안에는 변화가 일어났다.

아버지의 증세가 조금씩 나아지고, 뇌성마비로 커다란 걱정거리였던 여동생이 국가공무원 시험에 수석합격 하고 막내도 국가공무원 공채에 합격하였다. 두 여동생이 나란히 안정된 직장생활을 하게 되니 집안이 경제적 안정을 얻게 되었다.

집안 환경을 비관하여 아무 데도 속하지 못하고 방황하던 작은형도 집으로 돌아와 성당에 다시 나가기 시작하더니 직업도 갖게 되었다. 그토록 성당에 다니는 것을 반대하던 아버지도 성당에 다니게 되었다. 가족과 떨어져 있던 큰형도 집으로 돌아왔다. 정상적인 가정이 된 것이다.

정말 나는 아무 희망도 없는 가족을 하느님께 맡겨드리고 교회공동체에 속하기 위해 가족을 떠났는데, 진정 하느님께서 우리 가족을 돌보아주셨다. 부족한 나를 하느님께 봉헌하고 교회공동체에 헌신하는 것이 진정으로 가족을 위하고 보속 하는 길이라고 막연하게 믿었는데 모든 것이 그 믿음대로 이루어졌다.

내가 내 자신을 하느님께 맡겨드리자 하느님께서 우리 집안의 가장이 되어주신 것이다. 내가 교회에 완전히 속하게 되자 교회공동체가 나에게 속하게 되었다. 내가 하느님께 온전히 속하게 되자 하느님도 온전히 나에게 속하셨다는 사실을 느끼게 되었다.

성직자의 길이 때로는 외롭고, 힘겹고, 고독할 때도 있지만 나는 지금 성직자로서 교회공동체의 한 일원으로서 기쁘게 살아가고 있다.

활기찬 소공동체를 만들기 위해 봉사자 양성에 힘쓰는 **김봉기** 신부는
지역 농민들이 희망을 걸고 살 수 있도록 생명과학 농법을 이용한
벼농사도 지어보고 노인들을 위한 한글학교도 개설했다.
소년소녀 합창단을 창단하는 등 청소년들에게도 깊은 관심과 애정을 가지고 있다.

가장 확실한 암호

이렇게도 확실한 티를 누가 무슨 수로 금할 수 있단 말인가.
어디 한번 금해보라지. 나는 암호 없이도 그 여자를 알아본 게 신기하고
유쾌해서 그 여자의 등에서 착한 아기처럼 계속해서 벙글거렸다.

박완서 소설가

90년 여름 중국 연변에 갔을 때의 일이다. 그때만 해도 지금
처럼 그쪽 여행이 자유롭지 않았고 대행해주는 여행사도 없었
다. 일행은 역사학자 한 분하고, 소설가가 나까지 두 사람, 도
합 세 사람이었는데 베이징에 있는 출판사에서 초청을 받는 형
식을 취했다.

베이징까지도 직항노선이 없어서 홍콩에서 중국민항으로 갈
아타고 베이징까지 갔으니 돌아도 이만저만 도는 게 아니었다.
지도상으로 지적인 땅을 돌고 돌아가야 하는 것도 피곤하고 부
담스러웠지만 중국에 거주하는 조선족을 어떻게 대해야 하는지

거기에 대한 올바른 정보가 없었기 때문에 기대도 많이 됐지만 걱정도 많이 됐다.

중국으로 떠나기 며칠 전 라자로마을의 이경재 신부님으로부터 만나자는 연락을 받았다. 신부님은 나병환자가 있는 곳이면 세계 곳곳 안 가보신 데가 없는 분이라 중국에 대해 뭔가 일러주고 싶으신 게 있는가 보다고 생각했다.

그러나 뜻밖에도 부탁할 게 있으시다면서 5천 달러가량을 연변에 있는 수녀님들한테 전해달라고 하셨다. 분도수녀회의 수녀님 두 분이 연변에 있는 나병환자 전문병원에 파견되어 궂은 일을 도맡아 하고 있는데 완전한 무료 봉사니까 그분들의 생활비랑 주거비랑 보내줘야 한다는 것이었다.

외국 여행은 여러 번 했지만 천 달러 이상의 외화를 가지고 나가본 적이 없기 때문에 거금을 몸에 지닌다는 게 겁부터 났지만 그런 좋은 일을 도와드리지 않을 수 없었다. 약 3주 정도의 일정이었는데 연변이 최종 목적지였기 때문에 그동안 거금을 품고 다니는 게 늘 마음속에서 거치적거렸다.

베이징의 7월 더위는 살인적이었다. 곧 죽을 것처럼 목이 말라 물이나 청량음료를 마시고 싶어도 그런 걸 마시면서 쉴 수 있는 냉방이 된 집이 우리나라처럼 흔하지 않았다. 거리에서 사 마실 수 있는 음료수는 거의가 뙤약볕 아래 커다란 얼음덩어리를 놓고 그 위에서 음료수병을 굴리면서 팔았다. 보기엔 시원해도 마셔보면 들척지근 미적지근해서 갈증이 곧 미칠 것처럼 심해지곤 했다.

동행한 역사학자는 그곳에 아는 분이 많아 여러 분을 만나보게 되었는데 그것도 줄창 긴장의 연속이었다. 지나친 환대와 많은 음식 때문이었다.

너무 오래 이질적인 체제와 문화에서 살아온 사람끼리 언어만은 서로 의사소통에 불편이 없다는 게 되려 서로를 이해하는데 방해가 되기도 했다. 미리 어떤 사람을 경계해야 된다는 식의 불확실한 정보가 우리에게 많이 입력돼있는 것도 문제였다.

또 우리처럼 투철한 반공 이데올로기로 굳어진 머리로는 공산당의 중요한 당직에 있는 명함을 자랑스럽게 내놓고 자기소개를 하는 조선족 지식인 앞에서는 저절로 언동에 제약을 받게 된다는 것도 서글픈 일이었다.

선조가 빼앗긴 조국을 떠나 남의 땅에 정착한 후 수십 년, 대가 두 번 세 번 바뀐 세대가 아직도 조국의 문화와 모국어를 원형에 가깝게 간직하고 있다는 것은 얼마나 아름다운 기적인

가. 그러나 서로 이념이 다른 땅에서 생활해온 단절의 세월이 너무 길었고, 그만큼 그릇된 정보를 많이 가지고 있다는 게 마음을 여는 데 걸림돌이 되고 있었다.

조선족 자치주에 도착하기도 전에 이렇게 동포와의 만남에 지치고 나니 연길 가서 거금을 제대로 전할 수 있을까, 그것도 차츰 근심이 되기 시작했다. 수녀님들이 파견된 병원은 연길에서도 한참 외곽지대인 시골이고, 연길 시내에 있는 수녀님들의 숙소도 아직은 확정된 거처가 아니고 전화도 없다고 했다.

그러면서 신부님이 달러와 함께 건네주신 것은 주소도 없는 달랑 전화번호 하나였다. 그 번호로 전화를 걸어 누구누구를 찾으면 그이가 수녀님들을 찾는 데 도움을 줄 거라고 하셨다.

중국에 가기 전까지는 전화번호 하나로 사람을 찾아 중대한 일을 의논하는 게 그다지 큰일 같지가 않았다. 그러나 베이징에서 여러 가지 일을 겪고 사람을 잘못 만나 계획에 차질을 빚고 난 후라 큰돈을 가지고 모르는 사람을 만난다는 게 겁부터 났다. 수녀님들이 연길에서는 수녀복도 못 입고 평상복으로 근무한다는 소리도 미리 듣고 왔기 때문에 내가 과연 사람을 옳게 만나 돈을 제대로 전할 수 있을지 걱정이 태산 같았다.

나는 마치 적지에 잠입해 우리 편과 접선해야 하는 겁쟁이 레

지스탕스라도 된 것처럼 마음을 졸였다. 접선을 제대로 하려면 암호가 있어야 하는 것을 그것도 정해주시지 않고 중책만 맡긴 신부님이 원망스럽기도 했다.

 연길에 와서야 개인 집에 전화가 있으면 아주 잘사는 집에 속한다는 걸 알게 되었지만 전화를 받고 달려와 준 여자는 조금도 부자 같아 보이지 않았고 오히려 평균치의 조선족보다 초라하고 꾸밈이라곤 없었다. 어찌나 순박하고 마음씨가 좋아 보이는지 나는 오랜 고향 친구를 만난 것처럼 마음이 놓이고 기뻐서 그동안의 노독이 스르르 풀리는 것 같았다.
 꼭꼭 닫아걸고 있던 마음을 활짝 열어젖히니 어찌나 기분이 좋던지 나는 수녀님을 찾고 말 것도 없이 그 여자에게 거금 5천 달러를 맡겨버리려고 했다. 이상한 일이었다. 의심으로 꽁꽁 뭉쳤던 마음이 그 여자를 천년 지기처럼 믿고 의지하고 있었다.
 그러나 그 마음씨 좋아 보이는 여자는 표정이 굳어지더니 여기까지 와서 수녀님들이 얼마나 고생을 하는지 안 보고 가도 되는 거냐고 물었다. 비로소 나는 부끄러워졌다.

 그 여자는 자기 자전거 뒤에다 나를 태우고 수녀님들 숙소로 안내했다. 그 여자는 자전거를 쾌속하게 몰면서도 말은 도란도란 정답게 했다. 내 딸보다 어린 그 여자의 등이 꼭 큰언니의 등처럼 믿음직스러웠다.

그 여자는 가톨릭 신자라고 자기 소개를 했다. 수녀님이 수도복도 입을 수 없는 고장에서 신자되기는 쉽지 않은 노릇이었을 것이다. 그래도 명목상 종교의 자유가 있는 나라라고 미사를 금하지는 않지만, 신자 티를 내거나 전교를 해서는 안된다고 했다.

나는 그 여자의 등에 업히듯이 기대어 저절로 웃음이 났다. 티를 내지 말라고? 이렇게도 확실한 티를 누가 무슨 수로 금할 수 있단 말인가. 어디 한번 금해보라지. 나는 암호 없이도 그 여자를 알아본 게 신기하고 유쾌해서 그 여자의 등에서 착한 아기처럼 계속해서 벙글거렸다.

그 후로 연길에 두 번 더 가봤지만 따로 수녀님들을 찾아뵙지 못했던 **박완서**는 자신을 수녀님들이 계신 데로 안내해준 그 친절하고 등 넓은 신자분도 찾을 만한 아무런 단서를 갖고 있지 않다.
그때 달갑지 않은 심부름을 시키신 성라로마을 이경재 신부님도 돌아가셨다.
헤아려보니 좋으신 분. 그리운 사람들이 이 세상보다 저 세상에 더 많다.
그게 지금 나이의 의미로구나 생각하니 허전하고 서글프다.

고소당한 신부

사제관으로 온 그를 보니 그때의 울분이 폭발하여 그를 마구 때리기 시작했다.
그의 눈이 퉁퉁 부었다. 며칠 후 느닷없이 창원지검 충무지청에 출두하라는 통지를
받았다. 그가 나를 상해죄로 고소한 것이다. 벌금으로 5천 원을 물어야 했다.
그때 미사예물 한 대가 5백 원이었으니…. 죗값을 톡톡히 치른 셈이다.

손덕만 신부

때는 1967년, 1년간의 보좌신부 생활이 끝나고 주임신부로
발령이 났다. 마치 노예 생활에서 해방된 것 같았다. 보좌 생활
이 어려워서가 아니라 보좌에서 주임으로 승진되었다는 게 한
량없이 기뻤다. 신부 생활 중에 제일 기쁜 때가 있다면 처음 본
당을 맡을 때 아닐까.

부산에서 배를 타고 2시간 정도 가면 나의 첫사랑, 첫 본당인
거제성당이 나온다. 정명조 주교님의 고향 본당이기도 하고 거
제도에서는 꽤 오래된 성당이다.

젊은 패기로 사목 생활을 한다는 것이 마냥 즐겁고 재미있었

다. 신자들과 논에 벼도 심고, 논매기도 하고, 가을 타작도 하고, 공소 순방과 가정방문 등 모든 일에 흥이 났다.

공소에 있던 환자의 병자성사를 집전하고 본당으로 돌아오는 길이었다. 본당과 공소 간 거리는 삼십 리 정도였는데 도로가 요즘처럼 포장되지 않아 자갈길이었다. 사람도, 오토바이도 모두 차가 지나다니면서 만든 두 줄의 바퀴 자국으로만 다니는 형편이었다.

내 앞에 두 청년이 차 바퀴로 생긴 길을 걸어가고 있었고 나는 어렵게 오토바이를 운전하며 그 뒤를 쫓아가고 있었다. 클랙슨을 눌렀지만 길을 비켜주지 않아 옆으로 그들을 지나치려다가 그만 오토바이가 한 청년을 살짝 친 모양이었다.

이것 때문에 싸움이 벌어졌다. 나는 혼자요, 그들은 둘이라 꼼짝없이 당하고 말았는데 태어나서 지금까지 그렇게 심한 욕을 들어본 적이 없었다. '××새끼'를 비롯해서 입에 담지 못할 욕설로 단단히 무안을 당했다. 그날이 금요일이라 본당 미사를 집전하러 가야했기 때문에 나는 뭐라 대꾸도 못했다.

억울함을 꾹 참고 본당에 와 저녁 미사를 드렸다. 그때만 해도 교우들을 등지고 서서 미사를 드렸는데 눈물이 앞을 가려 제대로 미사를 드리지 못했다. 그런 나의 모습을 본 신자들은 무슨 일이 있었느냐며 꼬치꼬치 이유를 물었고 결국 난 그날 일어난 사건의 자초지종을 이야기하고 그들을 찾아달라고 몽타주를 그려주었다.

한 달쯤 후, 그 사람을 찾았다는 전화를 받았다. 사제관으로 온 그를 보니 그때의 울분이 폭발하여 그를 마구 때리기 시작했다. 사람을 때려본 적이 없었기에 생각 없이 그의 얼굴을 때렸고 그의 눈이 퉁퉁 부었다.

잘 안 보이는 엉덩이나 다리를 때렸으면 그 정도로 사건이 확대되지 않았을 텐데 눈이 부어오를 정도로 때렸으니 큰 실수를 한 것이다. 그는 이웃 면에 사는 농협 조합원이었는데 아침에 멀쩡히 출근했던 사람이 저녁에 눈에 시퍼렇게 멍이 들어 왔으니 동네 사람들이 들고일어날 것은 당연한 일.

그 동네 사람들이 성당으로 쳐들어올 거라는 소문에 나는 그냥 있으면 맞아 죽을 것 같아 피신하기로 했다. 다행히 소문처럼 쳐들어오지는 않았다.

그러나 며칠 후 느닷없이 창원지검 충무지청에 출두하라는 통지를 받았다. 그가 나를 상해죄로 고소한 것이다. 지청으로 출두하니 그는 벌써 와있었다. 검사 앞에 가기 전에 우리는 화해를 했고 검사 앞에서 화해조서에 도장을 찍고 좋게 헤어졌다. 그러나 나는 벌금으로 5천 원을 물어야 했다. 그때 미사예물 한 대가 5백 원이었고 주방 근무자 월급이 천5백 원 정도였으니…. 죗값을 톡톡히 치른 셈이다.

신부가 되어가지고 사람을 구타하고 고소당하고 벌금을 물고 한 것이 너무 부끄러웠다. 하지만 한편으로는 "너를 고소한 자와 함께 법정으로 가는 도중에 얼른 타협하여라."마태 5, 25 하신 성서 말씀을 실천해본 기쁨을 맛보기도 했다. 신자들에게 늘 "회개하시오." 하면서도 정작 나 자신은 복음 말씀대로 살아본 적이 없었기 때문일 것이다.

이 사건은 두 가지 여론을 일으켰는데 첫째, 신부가 사람을 때릴 수 있나? 나쁜 여론이다. 둘째, 오죽했으면 신부가 때렸겠는가? 한마디로 맞을 짓을 했기에 맞았겠지 하는 온건한 여론이다.

둘 다 일리가 있지만 그 좁은 시골에서 사목자로서 명예가 회복되지 않으면 사목하기가 매우 힘들기에 주교님은 나를 다른 본당으로 이동시켰다.

이 구타 사건은 36년이 지났지만 아직도 내 머리에서 잊혀지지 않는다. 그 일이 생각날 때마다 나는 마냥 부끄럽고 다시 한 번 그 사람을 만나서 사죄하고 싶은 마음이다. 그날 이후 나는 다짐했다. 절대로 화내지 않고, 절대로 악에 대항하지 않으며, 절대로 사람을 때리지 않겠다고.

오늘도 나는 '주님, 이 죄인을 용서하십시오.'라고 기도한다.

평범한 농촌총각이었던 **손덕만** 신부는 자신을 밀양 소신학교에 입학하도록
안내해준 마산교구 이윤호 필립보 신부를 평생 잊지 못하셨다.
신학교가 어떤 곳인지도 모르던 자신에게
"아제도 신학교 가라." 하는 말로 사제 성소의 열망을 지폈기 때문이다.
사제생활 40년이 넘었지만 네오까떼꾸메나또 공동체 활동을 열정적으로 하다가
2006년 3월 선종하셨다.

아들의 배반

고등학교 2학년부터 큰아들의 성적이 조금씩 떨어지기 시작했다.
전교 1등에서 반에서 2등, 5등, 10등… 기가 찬 나는 어느 날 아들에게
물었다. "너 왜 요즘 성적이 자꾸 떨어지느냐?"

이규정 소설가

그것은 분명히 황금색이었다. 눈앞에 보이는 사람도 창밖에 보이는 소나무도 황금색이었다. 나의 삶이 송두리째 뒤바뀌는 순간이었다.

젊은 시절, 나는 이상도 포부도 컸지만 되는 일이라곤 아무것도 없었다. 결혼하고 싶은 사람과 결혼한 것, 대학 4년 내내 어떤 아르바이트를 했건 무사히 졸업하고 교사 발령을 받은 것, 또 두 아들과 딸을 얻은 것이 사실은 대단한 성취였건만 이런 것은 내가 생각하는 '되는 일' 축에 속하지 않았다.

그러면 내가 바랐던 일은 무엇이었던가. 고등학교 때부터 꿈

이었던 소설가가 되는 것, 대학 강단에 서는 일이었다. 그러나 모두 잘되지 않았다. 오랜 소설 공부에도 작가가 못되었고, 그 어려운 가운데 대학원을 마치고 대학 출강 10년에도 전임교수가 되지 못하고 있었다.

게다가 9남매의 맏이인 나는 조부모님과 부모님을 모시고, 언제나 10명이 넘는 가족부양에 쫓기고 있었다. 동년배 친구들이 인생을 어떻게 즐기느냐 골몰할 때 나는 대가족 부양이 발등의 불이었다. 설상가상으로 신경쇠약과 불면증, 중증 위장장애로 고통 속에서 허우적거리고 있었다.

그럴 즈음 나의 유일한 희망은 공부를 썩 잘하는 큰아들이 무엇인가가 되어주는 일이었다. 의사가 되면 경제적 질곡에서 해방될 터, 법관이 되면 권력의 굶주림에서 벗어날 수 있을 터였다. 큰아들은 무엇이든 되기에 충분한 자질을 가지고 있었다. 그 아들은 중학교 1학년 때부터 늘 전교 수석을 했기 때문이다.

면서기 하나, 순경 하나 없는 우리 집안, 독자이신 선친 밑으로 나를 포함해서 형제는 셋, 그중 나에게만 아들 둘이 있었는데 선친께서 작은아들을 동생에게 양자로 주기로 한 상태였다. 그러나 큰아들이 든든히 내 대를 이을 테니 걱정 없었다. 그런 큰아들은 반드시 무엇인가가 되어 나의 한과 원을 풀어주어야 할 집안의 희망이요 기둥이었다.

우리 가족은 진작부터 가톨릭 신자가 되어있었지만 당시 나는 종교란 걸 일없는 사람들의 심심풀이쯤으로 여겼다. 나는 가족들의 생계 해결에 혀가 빠질 지경인데, 가족들 모두 성당에 나가 자나 깨나 기도란 것만 하고 살다니, 이런 딱할 데가 있는가! 배가 덜 고파서 그 허세를 부리는 거지. 늘 이렇게 혼자 투덜거리던 나였다.

그런데 고등학교 2학년부터 큰아들의 성적이 조금씩 떨어지기 시작했다. 전교 1등에서 반에서 2등, 5등, 10등… 기가 찬 나는 어느 날 아들에게 물었다.

"너 왜 요즘 성적이 자꾸 떨어지느냐?"

"아버지, 성당에만 나오시면 성적 다시 올리겠습니다."

이래서 나는 아들의 성적회복을 위해 성당에 나가기로 했다. 6개월간의 교리교육을 받으면서 본당신부님의 속을 참 많이 썩여드렸다. 결석을 식은 죽 먹듯이 했기 때문이다. 그래도 세례를 받고 신자가 되었다. 1980년 성탄 때였다. 그러나 나는 종교에 어떤 흥미도 못 느끼고 있었다.

내가 성당에만 나가면 성적을 올리겠다던 큰아들의 성적이 별반 나아지지 않는 걸 보고 아들이 3학년이 된 어느 날, 나는 아들의 공부방을 그때야 처음으로 둘러보았다.

입시에 촌음을 아껴야 할 아들의 공부방에는 입시 준비 서적 대신, 고등학생으로서는 도무지 읽을 수 없는, 아니 읽을 필요도 없는 온갖 동서양의 고전, 철학, 문학, 종교, 특히 그리스도교 관련 서적이 얼마나 많던지! 나도 읽지 못한 책들로 온 벽이 채워져 있었다.

믿는 도끼에 발등 찍힌다더니, 이게 뭔가. 아내는 살림살이에 쪼들리면서 어떻게 이런 책 살 돈을 아들에게 주었을까. 나는 기가 차서 씩씩거리며 그런 '쓰잘데없는' 책들을 바라보다가 창문을 열고 모두 마당으로 내던졌다. 그러고는 석유를 끼얹고 불을 질렀다.

나의 미친 듯한 기세에 아내는 아무 말도 못하고 질려 있었지만 선친께는 호된 꾸지람을 들어야 했다. 나는 그 길로 집을 나가 술을 마셨다.

일은 여기서 끝난 게 아니었다. 아들이 신학교로 간다는 소문을 성당에서 들었던 것이다. 나는 아들을 붙잡고 통사정을 했다. "제발 정신 좀 차려라. 정 성직자가 되고 싶다면 결혼이라도 할 수 있는 목사님이 되어라…."

그러나 아들은 들은 척도 하지 않았다. 자식 하나 때문에 온 집안이 불화와 갈등의 소용돌이에 휘말렸던 것이다. 그러나 아들은 결국 신학교에 입학해버렸다.

아들의 성소는 성당의 온 신자와 가족이 기정사실로 인정하고 있었는데, 나만 까맣게 모르고 있었으니 그 소외감이 어떠했겠는가. 여기에 그 무렵 내가 성당에서 신부님께나 수녀님께 부렸던 패악, 가족에게 부렸던 행패는 쓰지 않겠다.

아들이 신학교 1학기를 마치고 집으로 왔지만 나는 아들의 인사를 외면했다. 나를 얼마나 허탈에 빠지게 했고, 혼자 울게 했던가. 그러니 인사 아니라 만금을 주어도 이미 내 자식일 수 없었기 때문이다.

그러다 우리 가톨릭교회의 어떤 교육에 참여하게 되었다. 교육 중 뜻밖에 내가 팽개친 아들로부터 편지를 받았다. 아들의 편지는 간단했다.

'아버지, 이제 아버지께서도 하느님의 사랑을 받아들이실 때가 되었습니다. 하느님께서 아버지를 얼마나 사랑하고 계신지를 아셔야 합니다….'

'아, 그렇구나. 이런 악질인 나를 하느님께서 사랑하시다니!' 그 편지를 읽는 순간 나는 그만 왈칵 눈물을 쏟게 되었다.

눈물 어린 눈으로 옆 사람들을 보았더니 이 무슨 괴변인가.

사람들이 모두 황금색이었다. 놀라 창밖을 보았을 때 온 산의 소나무도 황금색으로 빛나고 있었다. 마구 뛰어오르고 싶던 그 충동, 누구든 붙들고 끌어안고 춤을 추고 싶던 그 광기, 온몸이 뜨거운 열로 충만하던 기억.

그때부터 나는 교육이 끝날 때까지 만 이틀을 온통 눈물로 지새웠다. 조부모님께서 별세하셨을 때도 눈물 한 방울 흘리지 못한 나였는데…. 하느님의 마음, 하느님의 깊은 사랑을 깨닫기까지 나는 그렇게나 아픈 과정을 거쳤던 것이다.

삶의 목표를 입신양명으로만 생각했던 나, 심지어 자식마저 척박한 욕망의 도구로 생각했던 지난날을 생각하면 쥐구멍에라도 숨어버리고 싶다.

대학 강의도 하고 부지런히 소설도 쓰면서
'이규정문예창작연구원'을 열어 글공부하는 이들을 지도하는 **이규정**은
정결한 심신으로 미사 때 성체를 분배하고, 집에서는 성서 필사를 한다.
성당에 다니고 글을 쓰는 데 지장이 없을 만큼 건강한 것이 소망이다.

출근 첫날의 기억

사제관 식당에서 함께 점심식사를 하는데
성호도 그을 줄 모르는 나는 옆에 앉아 밥그릇만 바라보고 있었다.
너무 긴장한 나머지 밥은 모래를 씹는 맛이었고 고요한 침묵 속에
젓가락 소리, 김치 씹는 소리밖에 들리지 않았다.

김마리아제수이나 수녀

고요히 주님 앞에 머물러 그분이 어떻게 이 비천한 여종을 사랑의 길로 이끌어주셨는지 되돌아본다.

지금 와서 생각해보면 목적 없이 그냥 살아가는 삶은 어떤 생명도 살 수 없는 불모지라는 것을, 주님을 알지 못하고 지내온 그 세월은 빛이 없는 어둠의 시간이었다는 것을 새삼 느낀다.

누구나 한 번쯤 던져보는 의문이겠지만 19살 나이에 나는 풀 수 없는 수수께끼 같은 질문으로 고통 속에서 방황했다.

사람은 왜 살아야 하는가? 왜 사람은 똑같은 행복, 똑같은 능

력, 똑같은 삶을 살지 못하게 운명지어졌을까? 누구는 부유하게 또 누구는 궁핍하게, 누구는 명석하게 누구는 저능아로, 그처럼 불공평하게 주어진 그릇대로 살아야 한다면 왜 하필 궁핍의 대상이 나여야 하나?

앞을 볼 수 없어 긴 지팡이로 땅을 더듬으며 동전을 구걸하는 장님들을 보면서, 멀쩡한 육체와 건강한 몸을 지니고 넘쳐나는 부에 젖어 쾌락을 추구하는 사람들을 보면서… 누구는 집이 있어 세를 주고, 단칸방 하나도 얻을 수 없어 길거리에서 하늘을 이불 삼아 땅을 요 삼아 새우잠을 자는 노숙자들을 보면서… 삶에 대한 풀 수 없는, 온 정신과 마음을 지배해버린 의문들로 내 존재마저 부정해버리고 싶었다.

왜 태어났을까? 누가 나를 있게 했을까? 나는 한 번도 생을 청한 적이 없는데 무엇 때문에 태어났고 또 무엇을 위해 살아야 하는가? 내가 삶을 마쳤을 때 내 살아온 삶에 대해 함께 논할 누군가가 있을까? 만약에 없다면 이렇게 아등바등 살 필요가 있을까? 죽음은 무엇일까? 그리고 난 누구일까? 누가 나의 존재에 대해, 살아야 하는 이유에 대해 가르쳐 줄 수 있을까?

모두가 죽어 같은 운명에 놓일 거라면 사람의 삶은 미래의 시체들이 사는 것과 무엇이 다를까?

이 수많은 질문들 때문에 오랫동안 어둠의 터널을 빠져나올 수 없었다. 웃음도 사라지고, 친구도 멀리하고, 오로지 고뇌 속에서 답도 찾을 수 없는 물음을 되묻고, 또 되묻고…. 내 마음에 평화라곤 찾아볼 수 없었다. 그러나 그 좌절과 고뇌와 시련들은 주님께서 심오한 숨은 계획을 마련하셔서 내게 허락한 시간이었다. 이렇게 방황하던 날들 속에서 당신의 부르심은 정말 너무 엉뚱했다.

가톨릭에 대해 전혀 알지 못하는 나를 보고 어느 날 이모 수녀님이 '성라자로마을'에 가서 신부님을 도와 사무실에서 일을 해보라고 하셨다. 이 이야기를 전해 듣고 처음에는 이불을 뒤집어쓰고 울었다.

'내가 갈 곳이 결국 모두가 외면하는 버려진 사람들, 아니 사람들이 싫다고 피해 가는 그런 곳이란 말인가? 그들과 더불어 살아야 하는 것이 내 운명인가?' 정말 가기 싫었다. 하지만 어머니가 이모 수녀님의 체면을 생각해서 한번 가보는 것도 예의라고 말씀하셨다.

그래, 어차피 삶의 의미를 몰라 생각만으로 죽음의 세계를 하루에도 수없이 넘나들면서 사는데, 소외된 그들과 함께 그늘 속에서 사는 것도 나쁘지 않겠지. 그러나 이것이 내 물음에 대한 응답이란 말인가?' 이렇게 마지못해 갔는데, 그 순간이 '이제는 주님 없이 살 수 없는 길'로 들어서는 첫걸음이었다.

'성라자로마을'의 잘 가꾸어진 나무들, 푸른 숲에서 하얀 수도복을 입고 나오시는 수녀님의 모습은 마치 천국에 온 듯 일순간 나를 사로잡았다. 생각해보고 말 것도 없이 다음날로 바로 출근하기 시작했는데 그 첫날의 기억을 잊을 수가 없다.

신부님, 수녀님들과 직원 몇 명이 사제관 식당에서 함께 점심식사를 하는데 성호도 그을 줄 모르는 나는 옆에 앉아 밥그릇만 바라보고 있었다. 너무 긴장한 나머지 밥은 모래를 씹는 맛이었고 고요한 침묵 속에 젓가락 소리, 김치 씹는 소리밖에 들리지 않았다. 그런데 맞은 편에 앉은 신부님이 수녀님들의 깍두기 씹는 소리를 듣고 "그 동네 왜 그리 시끄러운가." 하시는 한 마디에 밥숟가락마저 떨렸던 첫날이었다.

하루 이틀 마을 구석구석을 돌아보다가 내가 정말 놀란 것은 다 일그러진 나환자들의 입술에 떠오르는 미소였다. 그 미소는 정말 꽃이 필 희망이 없는 다 썩은 고목에 너무도 우아하게 핀 한송이 작은 꽃 같았다.

누가 있어 저 미소를 주었을까? 아직 어떤 희망이 남아있어

저 입술에 미소를 머금을 수 있을까? 그 신비를 찾아 나서면서 그들에게는 희망과 꿈이 있고, 위안이 있다는 것을 알았다.

그분은 바로 하느님이셨다. 그 앞에서 내 존재가 얼마나 오만스럽게 느껴졌는지. 멀쩡한 육신과 풍요로움 속에 살고 있으면서도 삶에 좌절하고, 고민했던 날들이 사치스럽게 생각되어 무척 부끄러웠다.

손가락이 다 뭉그러져 호미도 제대로 잡을 수 없는 손으로 어떤 나환자 할아버지는 성모님을 위해 동산을 꾸미고 꽃도 심고 작은 우물도 만들며, 어느 낙원 못지않게 정성스럽게 가꾸셨다.

죽어서 성모님 앞에 가면 그래도 사는 동안 성모님을 위해 동산을 꾸몄다는 이야기를 할 수 있을 것이라는 희망을 가지고 눈이 오나 비가 오나 동산에서 살던 할아버지를 정말 잊을 수가 없다.

사무실 일이 끝나면 할아버지 수건도 빨아드리고 그 동산을 찾아가는 방문객이 되면서 사랑과 희망이 가득한 이들의 삶 속에서 그 어떤 존재에 대해 눈뜨기 시작했다.

그분이 바로 하느님이라는 것을 알고, 그분이 궁금하여 교리를 배우기 시작했다. 교리를 배우면서 하느님께서 마련하신 '영원'이라는 것이 있고, 인간의 완전한 행복을 바라시는 당신의 사랑이 나를 있게 했다는 것, 이 짧은 동안의 인생은 영원한 생명으로 새롭게 태어나기 위한 소중한 시간이라는 것, 이렇듯이 인생에는 뚜렷한 목적과 이유가 있다는 것을 알았다.

주님께서는 내가 교리를 배우기도 전에 미리 사람이 세상에 왜 태어났는지 교리문답 제1번을 나의 온몸과 마음과 생각으로 내 삶 전체를 통해 묻게 하셨던 것이다. 여러 성인들의 전기를 읽으면서 인생은 어떤 것인지, 왜 살아야 하는지, 또 어떻게 살아야 하는지 알 수 있었다.

새로운 세계를 탐험하는 사람처럼 기도문을 외우고, 성인전을 읽으며 정말 열심히 교리를 배워 83년 12월 23일 '아녜스'라는 이름으로 세례를 받았다. 세례받는 날 소원을 빌면 들어주신다는 말씀을 듣고 무엇을 청해야 할지 몰라 그냥 예수님께서 알아서 해달라고 맡겼던 것이 정말 예수님께서 알아서 행복의 길로 나를 불러주셨다.

세례를 받고 신앙생활을 하면서 '어떻게 하면 하느님을 만날 수 있을까? 어떻게 하면 하느님을 사랑할 수 있을까? 어떻게 하면 하느님에게 사랑받는 존재가 될까?' 모든 관심사가 오로지 하느님이었다.

이런 나에게 대모님은 훌륭한 수호천사 역할을 해주셨다. 사무실 업무가 끝나면 대모님과 함께 소화 데레사 성녀의 동상 앞에서 묵주기도를 바치고, 성인들의 삶에 대해 이야기를 듣고, 또 성시간을 지키는 기도 모임을 하면서 하느님을 향한 나의 사랑은 나날이 자라나기 시작했다.

하루는 대모님이 성냥팔이 소녀처럼 초라한 옷차림으로 출근을 했기에 무슨 일이 있냐고 물었다. 어머니가 좋은 혼처를 물색해두어 선을 보러 가야 해 무척 고민하다가 남자의 눈에 들지 않으려고 초라한 옷을 입고 나간다는 것이었다. 그런데 오히려 그 모습이 마음에 든 남자는 퇴근길에 대모님을 찾아오곤 했다.

수녀가 되려는 대모님이 어떻게 그 남자가 상처받지 않고 마음을 돌리게 할까 고민하던 모습, 매일 퇴근길에 성모님 앞에 쪼그리고 앉아 기도하는 모습, 하루는 기도하다가 가지고 있는 지갑 채로 봉헌함에 넣고 차비가 없어 집까지 걸어갔다는 이야기들을 들으면서 내 마음속에도 성소에 대한 관심이 싹트기 시작했다.

대모님은 수녀가 되겠다는 말 한마디로 집에서 쫓겨나 교우집에 머물면서 이것저것 준비를 하고 수녀원에 입회했다.

노기남 대주교님은 돌아가시기 전 나에게 기도 많이 하는 수녀원에 가라는 말씀을 남기셨다. 어느 날 꿈속에 수많은 무덤을 보았는데 그 무덤 위에서 외치는 소리를 들었다.

"누가 이 많은 영혼들을 구원해줄까? 누가 이 많은 영혼들을 위해 기도해줄까?" 주님의 그 간절한 바람을 들으며 나도 모르게 "제가 조금이라도 도움이 된다면 수녀원에 갈게요." 하고 대답했다. 그리고 나는 수녀가 되기로 결심했다.

지금은 주님을 사랑하고 싶은 간절한 소망 하나를 가슴에 품고 하느님을 그리워하면서 살아가는 한 영혼이 되었다. 수없이 껴입고 있는 관념의 겉옷을 하나둘 벗어버리고, 뭔가 완성해가야 한다는 집착도 버리게 하시면서 그 버린 자리에 당신을 있게 하심으로 주님에게 더 가까이 가는 걸음마를 연습하고 있다. 그분은 나를 그렇게 조각하며 정말 행복한 사람으로 만드셨다.

뭔가 성취하고 이루어내는 인간의 힘에 하느님은 계시지 않고, 다 버린 가난함 속에 행복이 있다는 신비를 전하고 싶다. 늘 내 영혼이 주님과 함께 머무는 가슴속 비밀의 화원을 가꾸며 살아가고 싶다.

이탈리아 로마에서 공부 중인 **김마리아제수이나** 수녀의 취미는 기도다.
조금씩 조금씩 하느님을 사귀어가는 맛에 산다고나 할까?
그래서 시간만 있으면 성당에 가서 앉아있고 싶다.
주님의 말씀을 좀 잘 알아듣고, 주님을 덜 실망시키는 것이 유일한 소망이다.

아내와의 조건부 약속

아내의 권면은 더욱 간절해졌는데, 어느 날 나는 시달리다 못해
엉뚱한 조건을 전제로 응낙하기에 이르렀다.
'내가 서울로 옮기게 되면 하느님을 믿겠다.'는 것이었다.

문삼석 아동문학가

　나이 오십 줄에 들어서야 나는 이른바 가톨릭 신자가 되었다.
부끄러운 일이지만 신앙을 갖게 된 동기도 하찮은 것이었다. 지
방에서 교편을 잡고 있던 나는 평소 집요한 전도에 시달리며 살
았다. 아내로부터였다. 아내는 결혼하기 전까지만 해도 직장을
팽개치고 한동안 봉사활동에 심신을 바쳤을 만큼 열렬한 크리
스천이었다.

　그러나 절에 불공을 드리러 다니는 시부모와 다분히 무신론
쪽에 가까운 남편 탓에 아내의 불꽃 같던 신심은 결혼 당일부터
가슴 한켠에 한낱 불씨로 묻어둘 수밖에 없었다.

그러다가 연만年滿하신 시부모님이 돌아가시고, 지긋지긋하던 가난이라는 놈도 주춤주춤 물러가자, 아내의 가슴속에 잠복해 있던 신앙의 불꽃이 다시 타오르기 시작한 모양이었다.

기회만 있으면 나를 교회로 이끌기 위한 작전을 집요하게 펼쳤다. 그러나 나는 벽창호였다. 실상 나이 들어가면서 신앙에 관한 무지로부터 조금씩은 벗어나고 있었지만, 오래도록 버텨온 '지조'를 꺾어서야 되겠느냐는 알량한 자존심 때문에 쉽게 응낙을 할 수가 없었다.

그럴수록 아내의 권면은 더욱 간절해졌는데, 어느 날 나는 시달리다 못해 엉뚱한 조건을 전제로 응낙하기에 이르렀다. '내가 서울로 옮기게 되면 하느님을 믿겠다.'는 것이었다. 이것은 물론 거짓이었다.

그 당시 나는 서울로 옮길 아무런 이유도 없었을뿐더러, 옮기고 싶은 의사도 전혀 없었다. 그러니까 불가능한 일, 다시 말하면 서울로 갈 일은 결코 없을 것이라는 전제 아래 겉으로만 수락한다는 시늉을 낸 것이었다.

그런데, 이게 어찌 된 일인가? 불가능한 일이 너무 쉽게 현실로 이루어지고 말았다. 친구 따라 강남 간다고 장난삼아 남 따라 전보 희망원을 내본 게, 막상 당사자는 못 가고 곁다리인 내가 턱 서울로 입성을 하게 된 것이다. 기적이라고나 할까?

아내가 말했다. "이제 서울로 왔으니, 교회에 나가자…."

너무 쉽게 덫에 걸려들었다고 생각한 나는 짓궂게 또 하나의 조건을 내세웠다. "교회는 싫다, 천주교라면 믿겠다…."

사실 평소에 천주교 신자를 이웃으로 많이 두었기 때문인지는 모르지만, 종교라는 단어를 대할 때마다 나는 으레 신부나 수녀 또는 성당의 모습이 먼저 연상되곤 했다. 깔끔한 제복이 주는 엄숙함이나 경건함을 곁들여서 말이다.

그렇지만 그보다는 개신교에 심취해있는 아내가 설마 개종까지 하면서 나를 신앙인으로 만들기야 하겠는가 하는 비틀린 생각이 저변에 깔려 있었다고 하는 것이 솔직한 고백이리라.

그런데 아내는 선선히 동의했다. 결코 쉽지 않을 개종까지 하면서 말이다. 오로지 죄 많은 남편을 하느님 앞으로 끌고 가기 위한 일념뿐이었는지….

예비자 교리 과정을 마친 나는 원로 아동문학가이신 박홍근 선생님을 대부로 모시고 세례를 받았다. 그러나 그때까지만 해도 마음속에서 찜찜한 기분이 가시질 않았다.

남들은 모태신앙이라는 자랑스런 역사를 가졌거나 남다른 영감이나 계시를 받고 신자가 되었다고들 하는데 나는 뭐란 말인가? 기껏 아내에게 등 떠밀려서, 그것도 마지막까지 치사스럽게 별별 조건을 다 내걸면서 미꾸라지처럼 빠져나가다가 어쩔 수 없이 신자가 된 꼴이라니….

첫 미사를 드리던 날이었다. 봉헌 성가를 따라 부르던 나는 갑자기 목이 컥 막히는 걸 느꼈다. 그러고는 더 이상 노래를 부르지 못하고 터져 나오는 울음을 참아야 했다. 눈에서는 나도 모르게 눈물이 흘러내리고 있었다.

> 주 하느님 지으신 모든 세계 내 마음속에 그리어 볼 때,
> 하늘의 별, 울러 퍼지는 뇌성, 주님의 권능 우주에 찼네.
> 내 영혼 주를 찬양하리니, 주 하느님 크시도다.
> 내 영혼 주를 찬양하리니, 주 하느님 크시도다.
> 저 수풀 속 산길을 홀로 가며 아름다운 새소리 들을 때,
> 산 위에서 웅장한 경치 볼 때, 냇가에서 미풍에 접할 때….

채신머리없이 이게 도대체 어찌 된 일이란 말인가? 평소에 눈물이 많은 편이긴 했다. 그렇지만 보통 때라면 별 느낌이 없을 것 같은 성가 구절 몇 마디가 그토록 숨을 막히게 하다니, 참

으로 뜻밖의 일이 아닐 수 없었다. 쑥스러움에 아내 몰래 눈물을 훔쳐내리면서도 황당함을 어찌할 수가 없었다.

나는 눈을 감았다. 그리고 가사 내용을 다시 한번 음미했다. 그리고 나는 무지에 떨었다. 용서받기 어려운 오만에 고개를 떨구고, 천둥벌거숭이처럼 활개 쳤던 만용에 숨을 쉬기가 어려웠다. 하느님은 그런 나를 그지없는 사랑으로 지켜보고 계셨던 거로구나. 참으로 긴 세월 하느님은 내가 스스로 깨닫기만을 기다리고 계셨던 거로구나….

이런 표현이 가능할지 모르지만 나는 참으로 오래간만에 나를 포함해서 이 세상 만물이 모두 하느님의 피조물이라는 사실을 절실하게 느꼈다. 아름다움이라는 것도 그 아름다움을 느낄 수 있는 감수성이나 능력이라는 것도 모두가 하느님의 권능이며 사랑이라는 것을 나는 깨달았다.

하늘의 별, 뇌성, 아름다운 새소리와 웅장한 경치 심지어는 한 줄기의 부드러운 미풍도 저절로 생긴 것이 아니지 않은가? 또한 그런 것들을 보고 즐거워하고, 그것들을 어쭙잖게나마 창작이라는 이름으로 드러내 보이려고 했던 이른바 재능이라는 것도 전혀 내 것이 아니었지 않는가?

그렇다면 우리는 모두 하느님의 말씀 속에서 하느님의 말씀대로 살아가고 있는 것에 불과하다. 모든 기쁨과 영광, 또는 슬픔과 불행까지도 결국은 하느님의 뜻이 역사하신 것에 다름 아닌 것이다.

그런데도 천둥벌거숭이는 지금껏 극히 보잘것없는 조그만 능력을 자기 것인 양 과신하고 뽐내면서 앞뒤도 가리지 못한 채 치졸한 교만 속에서 자족하며 살아온 것이다.

나는 오열했다. 깨진 독에서 물이 새듯 뜨거운 눈물이 연방 흘러내리고 있었다. 그날 이후, 나는 부지런히 주일미사에 참여했다. 시간이 쌓이자 추기경님으로부터 견진성사도 받았다.

그러던 어느 날, 미사 도중 성가를 부르다가 나는 또 한 번 목이 메었다.

우리가 어느 때 주님께 음식을 드렸고,
목마른 주님께 마실 것 언제 드렸나?
진실히 네게 이르노니,
미소한 형제 중에 하나에게 베푼 것 모두가
내게 한 것이니라, 내게 한 것이니라.

신자로서 나는 무엇을 해야 하는가 하는 물음, 그리고 하느님에게 무엇을 기도하고 간구해야 하는가 하는 의문에 대해 그 성가 구절은 해답을 제시하고 있었다. 하느님의 위대한 권능 앞에 미소하지 않은 자가 어디 있겠는가? 결국 우리 모두는 미소微少한 존재일 수밖에 없는 것이다.

신체가 미소하고, 정신이 미소하고, 소유가 미소하고, 또한 지향이 미소하다. 그 미소한 형제, 이웃들에게 하는 모든 것이 하느님께 드리는 것이며, 하느님이 가르쳐주신 사랑을 실천하는 것이라는 가르침…. 문득 지금까지 내 삶의 궤적이 떠오르면서 나는 다시 한번 몸을 떨었다.

무엇을 베풀었던가? 설사 미미한 베풂이라도 했다면 온전히 하느님의 뜻에 따른 사랑의 실천이었던가? 질문들이 날카로운 화살이 되어 내 심장을 찔렀다. 속절없이 괴는 부끄러움의 눈물을 남이 볼까 두려워 닦아내고 또 닦아내야만 했다.

어찌 된 셈인지 나는 강론이나 독서를 통하기보다는 성가에서 더 많은 것을 깨닫는다. 노래라는 양식이 사람의 진정을 더 잘 드러낼 수 있어서일까? 아니면, 성가를 부르는 동안만큼은 온갖 잡념을 잊을 수가 있어서 내 마음이 더욱 순수해지기 때문일까?

생각해보면, 우습기도 하다. 아내의 성화에 못 이겨 다니던 성당이 이제는 스스로 찾는 성당이 되고, 무신론자에 가깝던 내가 일상의 모든 일에서 하느님의 권능을 느끼며 살고 있다니….

지금은 평범한 이웃들에게서 수시로 자애로우신 하느님의 모습을 보고, 여러 현상들을 가져온 원인이 내 탓이라는 생각도 조금쯤은 가질 수 있게 되었다. 내 삶을 하느님의 사랑 속으로 인도해 준 아내에게 감사할 뿐이다.

그러나 나는 아직도 부끄럽기만 하다. 뒤늦게 그것도 불순한 동기로 하느님 앞에 엎드린 나를 하느님께서는 받아주시는 것일까? 좋은 일보다는 나쁜 일을 더 많이 저지르면서 감히 천주교 신자라는 명찰을 달고 다니는 나를 과연 하느님께서는 용서해주시는 것일까?

세상의 죄를 사하여 주시는 하느님, 자비를 베푸소서.

1999년 뇌졸중으로 쓰러져 평생 몸담았던 교직마저 떠나야 했던 **문삼석**은
불과 한 달여 만에 하느님의 사랑에 힘입어 기적처럼 회복되었다.
40여 년간 꾸준히 동시를 써 온 그의 마지막 소망은 어린이들에게 하느님께서 지으신
오묘하고 신비한 세상의 아름다움을 비슷하게나마 전할 수 있는 작품을 쓰는 것이다.

아버지를 무릎에 껴안고

그때 별의별 얘기가 다 있었다. "감춰둔 애인이 나타나서
새 신부를 낚아챘다." "고무신을 거꾸로 신었다."
바로 전날까지도 네 사람이 서품을 받기로 되어있었으니
그런 상상들을 할 만도 했다.

김웅열 신부

사람이 살아가면서 크고 작은 만남이 많이 있는데 나는 이제
까지 살면서 큰 만남을 두 번 겪었다. 첫 번째는 내가 성소를 받
게 된 만남이다.

인천에서 살던 때였다. 아버지, 어머니는 성당에 원래 열심이
셨고, 장남인 나는 마지못해 성당에 갔지만 40분 졸고 20분 자
며 1시간을 채우던 그 무렵이었다. 그런데 하느님께서 나를 선
택하신 방법이 참으로 오묘했다.

우리 집에는 양계장이 있었는데 닭을 기르지 않아 그냥 빈 창

고였다. 어느 날 방에서 책을 보고 있는데 창고 쪽에서 '쾅 하는 소리가 났다. 기분이 이상해 창고 안을 들여다보니 참으로 기막힌 광경이 눈앞에 펼쳐져 있었다.

아버지는 거품을 물고 쓰러져 계셨는데 천장이 뻥 뚫려 있고 옆에 커다란 돌멩이 하나가 있었다. 아버지 맥을 짚어보고 가슴에 손을 대어보니 뛰지 않았다. 그냥 돌아가신 것이었다.

7월 14일, 그날은 내 생일이었다. 초여름 비가 부슬부슬 내리고 바람이 불어 슬레이트 창고 지붕이 흔들렸다. 지붕을 눌러놓으려고 사닥다리를 놓고 돌을 안고 지붕으로 올라가신 것이었다. 몸무게가 110킬로그램의 아버지가 커다란 돌까지 안고 올라가셨으니 낡은 슬레이트가 어찌 견디겠는가.

올라가자마자 '쾅'하고 떨어지면서 머리를 안고 있던 돌에 찧고 다시 창고에 있던 책상 모서리에 찧기고 땅에 또 한차례 부딪친 것 같았다. 어머니는 동생들을 데리고 인천 시내로 미사 드리려 가셨고, 아버지는 항상 도망 다니는 내 손을 꼭 잡고 토요 특전 미사를 드리고 주일에 집에 계시다가 그런 일을 당한 것이었다.

이미 시체로 변한 아버지를 내 무릎에 끌어안고 그때 생전 처음 기도라는 걸 했다. 그때만큼 절실한 기도가 있었을까.

"하느님, 당신이 정말 존재하신다면 우리 아버지 죽으시면 절대 안됩니다. 살려 주십시오. 살려 주시면 제가 신부 될게요."

그랬다. 좋은 말도 많은데 열심한 신자도 아니었던 내가 왜 그런 약속을 했는지 알 수가 없다. 아버지를 무릎에 껴안고 "살려만 주시면 제가 신학교에 가겠습니다." 한참을 눈물범벅이 되어 기도를 하는데 뭔가 내 무릎을 더듬었다. 눈을 떠 보니 아버지 손가락이 조금씩 움직이는 것이었다.

얼마 후 아버지가 "토마스"하고 내 본명을 부르셨다. 내 눈앞에서 기적이 일어난 것이다. 아버지를 눕혀놓고 가까운 마을로 달려가서 앰뷸런스를 불렀다. 병원에 가 엑스레이를 찍어보니 아버지는 멀쩡했다. 뭔가에 찢긴 자국만 있고 뇌에는 아무 이상이 없다는 진단을 받았다.

그 후 내가 신학교를 간다고 하니까 아버지는 콧방귀를 뀌셨다. 평소에 성당에나 좀 열심히 다녔다면 이해를 하겠는데 만날 땡땡이만 치고 연애하는 데는 1등이었던 사람이 신학교 간다고 하니까 도대체 믿지를 않는 것이었다.

그때 정신을 잃으셨던 아버지는 하느님과 나 사이에 어떤 만남이 있었는지 아실 리 없었다.

보따리를 싸서 미리 신학교에 보내고 아버지께 "신부가 되려면 한 10년 걸린다고 들었습니다. 신부가 되어 첫 미사를 드리는 날 다 말씀드릴 테니까 그때까지는 왜 신학교에 가려고 하는지 묻지 말아 주십시오."라고 요청드렸다. 그 후 아버지께서는 정말 한 번도 묻지 않으셨다.

그렇게 시작된 신학교 생활을 10년 동안 잘하다가 부제 때 디스크에 걸렸다. 디스크가 너무 심해 오른쪽 다리에 마비가 와서 꼬집어도 감각이 없었다. 부제로 1년 있는 동안 공부도 제대로 못하고 후배들이 타다 주는 밥을 방에서 받아먹으며 침대에만 누워지냈다.

서품은 가까워져 오고 있었지만 주교님께서 "너 못 주겠다." 얘기를 안하시는 것이었다. 그래서 제의도 맞추고 서품상본도 만들고 수녀원에서 첫 미사를 드릴 계획도 잡으며 '야, 그래도 신부가 되나 보다.' 하면서 아주 들떠있었다.

사제서품식 전날 밤, 주교관에서 서품받을 네 사람이 자고 있는데 새벽 5시 정도 되어서 신부님이 나를 따로 부르셨다.

"왜 그러십니까?"

"어떻게 얘길 해야 되냐? 주교님이 못 주시겠대."

바로 몇 시간만 지나면 신부가 되는 그 순간에 주교님께서 서품 못 주시겠다며 당장 입원해있으라고 하니 이런 날벼락이 없었다. 기가 막혔다.

부모님은 벌써 그 전날 인천에서 차를 전세해 와서 여관에 머물고 계셨다. 서품식을 보러오셨던 것이다. 그런데 그날 새벽에 서품 못 주시겠다고 하니 기가 막힐 노릇이었다.

"이유가 뭡니까?"

"니 몸 때문에 그렇지."

"그럼 그전에 얘기하시지, 왜 오늘 얘기하십니까? 이래도 되는 겁니까?"

그날 나는 다른 신부님 차에 실려 수원 빈센트병원으로 끌려갔다고 하는 것이 더 맞는 표현일 것이다.

서품식이 시작되었을 때, 사진에는 분명 네 사람인데 세 사람만 입장하고 아무리 기다려도 아들이 들어오지 않으니 아버지, 어머니는 물론 모두들 얼마나 어리둥절하셨겠는가.

그때 별의별 얘기가 다 있었다고 한다.

"감춰둔 애인이 나타나서 새 신부를 낚아챘다."

"고무신을 거꾸로 신었다."

바로 전날까지도 네 사람이 서품을 받기로 되어있었으니 그런 상상들을 할 만도 했다.

나는 병원에 있으면서 참 고민을 많이 했다. 의사들도 "부제님은 성직생활하기가 어렵습니다. 이 상태로는 그냥 포기하시는 게 안 좋겠습니까?" 하는 것이었다.

그런데 나는 절대 포기할 수가 없었다. 왜? 내가 성소를 받는 그것부터가 주님께서 나를 특별히 아버지의 죽음을 통해 부르셨기 때문에 내가 포기하지 않는 한 하느님께서는 나를 꼭 사제로 만들어주신다고 믿었기 때문이다.

내가 병원에 있던 한 달 동안 주교님은 기다리셨던 것 같다. 내가 포기하고 "나 이제 집에 갈래요." 하기를…. 그런데 아무리 기다려도 포기하겠단 소리를 안하고 입원비만 자꾸 늘어가는 것이었다.

결국 우리 주교님은 주교좌성당인 청주 내덕동성당, 일거리 제일 많은 데로 나를 보내셨다. 일하다가 지겹고 힘들면 집에 간다고 하길 원하셨던 모양이다.

그곳 본당신부님이 얼마나 시집살이를 시키시던지 정신이 없었다. 허리 코르셋을 하고 하루에 진통제를 열 알씩 먹어가며 시키는 걸 그대로 다했다.

석 달 동안을 하다가 너무 아파서 하느님께 "하느님! 저 이제

할 만큼 했습니다. 제가 이게 하기 싫어서, 뭐 애인이 생겨서 이렇게 관두는 게 아니고 어떻게 할 재간이 없습니다. 저 이제 보따리 싸가지고 집으로 가렵니다." 하며 넋두리하듯 기도를 드렸다. 보따리를 다 싸놓고 내일이면 주교님께 가서 얘기하려던 참이었다.

그런데 그 전날 김대건 신부님 유해를 신자들이 꽃가마로 모셔와 성당에 안치해놓았다. 그래서 김대건 신부님께 한번 부탁드려볼까 하는 마음이 생겨 신자들 다 가고 난 다음 밤중에 몰래 담요를 뒤집어쓰고서는 성당 문을 열고 들어갔다.

김대건 신부님 유해 앞에서 3일 밤을 혼자 지샜다. 그러나 밤을 새우면서도 내가 아프니까 낫게 해달라는 말은 한마디도 할수가 없었다. 너무 속 보이는 것 같아서…. "아이고, 형님은 내속 알겠지." 그냥 그 소리만 했다.

그렇게 3일째 되던 날 새벽에 잠깐 잠이 들었다가 깼는데 기분이, 몸이 아주 가볍게 느껴졌다. 그래서 일어나 보니 쉽게 일어나는 것이었다. 다른 때 같으면 너무 아프기 때문에 바로 못 일어나고 몸을 한 바퀴 빙그 돌리며 팔을 짚고 일어나야 했다.

"야, 이상하다." 무릎을, 허벅지를 꼬집어보니까 감각이 왔다. 신기했다. 한번 뛰어봤다. 껑충껑충 뛰어졌다. 디스크가 겉으로 보기에는 멀쩡해 보여도 움직일 때마다 신경을 누르기 때문에 그 고통은 앓아본 사람 아니면 모른다. 그런데 껑충껑충 뛰어도 통증이 없었다. 성당 안에서 왔다 갔다 해보기도 하고 막 뛰어도 보고 그랬다.

처음에는 치유가 된 거라고는 생각 못했고, 너무 낫고 싶어 하는 간절한 마음 때문에 일시적으로 올 수 있는 마취 현상인가 보다고 생각했다. 그래서 한 열흘 동안은 아무한테도 얘기를 못하고 진통제를 끊어봤다.

아프지 않아 코르셋도 풀어봤다. 1년 이상 코르셋을 하고 지내며 이 코르셋을 풀면 몸이 오징어처럼 흐물흐물하게 될 것 같아 잠잘 때도 차고 있었다. 그러나 조심스럽게 풀어보았는데 허리가 꺾이지 않았다.

너무 이상해서 병원을 찾아가 한번 검사 좀 해달라고 그랬다. 의사 양반이 정밀검사를 하고 나오더니 "아니, 부제님 이게 어떻게 된 거예요? 디스크가 나았어요!" 하는 거였다.

나는 그때서야 우리 종씨가 고쳐줬다고 대답했다.

"누구신데요, 그분이?"

"김대건 신부님이 고쳐준 것 같아요."

이렇게 김대건 신부님과의 인연은 시작되었고 내 인생에 있어 두 번째 큰 만남이 되었다.

며칠 후 교구체육대회가 있었다. 주교님과 성직자들과 신자들이 모인 자리에서 내가 100m 계주를 했다. 주교님이 본부석에 앉아계시다가 "저기 누가 뛰는 거야? 김 부제 아니야? 저 사람이 어떻게 뛰어?" 하시며 놀랐다.

마침 그 옆에 내 담당 의사가 앉아있었다.

"주교님, 의학적으로는 완치가 됐습니다."

그렇게 해서 10일 뒤에 서품을 받게 되었다. 서품을 받는 날 나는 얼마나 울었는지 모른다.

동서남북 바다 건너까지 하느님의 말씀을 전하는 나팔수 **김웅열** 신부는
피정을 제대로 했는지 늘 부끄럽고 두렵지만 한편으로
말씀의 씨앗이 열매를 맺었다는 소식을 들을 때마다 무척 행복하다.
지금은 침묵 가운데 자신의 발자국이 하느님께로 제대로 나 있는지 돌아보고 있다.

성당 속의 동화

지금 그들의 이름은 물론 얼굴도 기억 못하지만,
그들이 풍겼던 분위기는 아주 또렷이 기억한다. 주일이면
다섯, 여섯 명이 넘던 식구가 깨끗한 옷으로 차려입고
한적한 골목길을 채우고 성당으로 걸어가면 시선을 안 끌 수 없었다.

문용린 교수

'세례: 1957년 4월 28일, 견진: 1959년 5월 10일'

수원교구 여주성당에 보관된 나의 세례증명서 내용이다.

내가 1947년생이니 11세 때인 초등학교 4학년 때 세례를 받고 6학년 때 견진을 받은 셈이다. 견진세례의 집전자는 노기남 바오로 주교님이라고 적혀있고 대부님은 성함 없이 단지 이야곱이라고만 쓰여 있다. 어떤 일로 급하게 팩스로 받아 본 나의 세례증명서를 보니 46년이 지난 지금 온갖 상념이 주마등처럼 스친다.

원래 우리 집안에는 누구도 종교를 가지고 있지 않았다. 연초

에 어머니가 신수를 물으러 가끔씩 깊은 산속의 절집을 다니신 것 말고는 종교나 교회와는 거리가 멀게 살았다.

어느 날 바로 옆집으로 한 가족이 이사를 왔는데, 천주교를 아주 독실하게 믿는 집안이었다. 여주에서도 더 깊이 산으로 들어가면 나오는 도전리라는 곳에서 오래 살다가 읍으로 이사를 나왔다고 들었다.

그 집에는 딸들이 꽤 여럿이 있었다. 내 윗벌인 누나 둘과 내 동갑내기 하나와 또 그 아래가 하나쯤 더 있었던 것 같다. 지금 그들의 이름은 물론 얼굴도 기억 못하지만, 그들이 풍겼던 분위기는 아주 또렷이 기억한다.

주일이면 다섯, 여섯 명이 넘던 식구가 깨끗한 옷으로 차려입고 한적한 골목길을 채우고 성당으로 걸어가면 시선을 안 끌 수 없었다. 속이 들이비치는 대문을 빼꼼하게 열고 호기심 어린 눈으로 내다보고 있는 나를 그들도 눈여겨 보아두었던 듯하다.

어느 날, 드디어 그중 나이 든 누나 하나가 나를 손짓해 불렀고, 마침내 그 무리에 섞여 나도 성당엘 다니기 시작했다. 부모님은 바쁘셨고 형은 서울에서 대학에 다니고 있던 터라 항상 심심했던 나는 신이 나서 성당에 몰두했다.

주일학교에서 교사들이 영세 준비를 시켰던 것 같은데, 옆집 누나는 고등학생이면서 교사를 맡고 있었다. 그 누나는 나에게 무척 칭찬을 많이 해주었다. 주로 외우기를 잘했다는 칭찬이었는데, 그도 그럴 것이 집에서 하는 일 없이 심심하니까 옛사람들이 천자문 외우듯 하루 종일 끈질기게 교리문답 책을 외웠기 때문이다.

그 당시에는 교리경시대회라는 것이 성당 내, 그리고 교구 내에서 큰 행사로 치러졌다. 본당에서 장궤틀 의자를 모두 걷어낸 자리에 멍석을 깔고 커다란 화로를 몇 개씩 놓아서 온기를 올린 후에 여러 공소에서 모여든 주일학교 학생들과 대회를 치른 기억이 생생하다.

여기에서 입상한 아이들을 골라서 다시 몇 개월의 강훈强訓을 거친 뒤 서울 혜화동의 대신학교 교정에서 열리는 교구 단위 대회에 참가시켰다.

당연히 나는 그 강훈팀에 선발되어 신부님의 까만색 사각 지프차를 타고 다니는 영광을 누렸다. 신부님이 직접 교리경시대회 요원(?)을 가르치셨는데, 아이들이 지루해하면 지프에 가득 태우고서 한 30여분 쯤 달려 영릉세종대왕 능의 널따란 잔디밭에 우리를 풀어놓으시고는 당시로서는 몹시 귀한 양과자와 비스킷을 나누어주시곤 했다.

집으로 돌아와 신부님과 가까이 지낸 일, 지프차 탄 일, 미제 과자 먹은 일을 신나게 떠들어대면 대견한 표정으로 보아주시던 어머니, 아버지의 얼굴도 그리워진다.

이런 교리경시대회 덕분으로 나는 난생처음 서울 구경을 하게 되었다. 우리 팀은 고등학생 누나 둘과 초등학생 셋, 모두 다섯 명이었던 것 같다.

혜화동 신학교 입구로 걸어 오르는 길이 오색테이프로 장식되어 있었는데 너무 멋있었다. 결과는 우리 팀의 고등학생 누나가 아주 큰 상을 받았던 것 같고, 나는 그것을 꽤 부러워했던 기억만 있는 것으로 보아 입상을 못한 듯하다.

이후로도 학교 다음으로 가장 자주 머문 곳이 성당일 수밖에 없었다. 친구들도 모여들고, 신기한 것도 많고, 성당 어른들이 시키는 일도 재미있었다.

정확하지는 않지만 중학생 때는 희고, 빨간 옷을 걸쳐 입고 복사를 선 적도 있다. 당시로서는 제대가 신자석과 영성체대를 사이로 분리되어 있었고, 신부님은 등을 보이고 미사를 집전했다. 복사들은 라틴어로 신부님의 말씀에 응답을 해야 했기에 라틴어를 한글로 적어놓고 외우느라 친구들과 떠들기도 많이 했다. 가끔씩 신부님을 좇아서 수행비서(?) 역할도 했다. 산에 사냥을 가실 때 따라다니면서 신부님의 이미지와는 사냥이 맞지 않는다는 비판적인 생각을 하면서도 감히 발설은 하지 못하고 신부님을 속으로 미워한 적이 있다.

그런데 그 신부님이 즐겨 쓰시던 엽총이며, 자주 읽으시던 책, 아침이면 반짝반짝하게 늘 닦으시던 승용차를 모두 놓아두고 가방 하나 달랑 들고 새 임지로 떠나시는 모습을 보며 사제는 우리와는 다른 분이구나 하며 반성한 일이 있다.

우리 본당에서 한 시간 가까이 걸리는 산 중턱에 미군 미사일 부대가 주둔해 있었는데, 신부님이 그곳에 미사를 지내러 가시

1958년 1월, 교리경시대회 시상식 후
기념사진을 찍었다.
앞줄 오른쪽에서 두 번째가 필자

곤 했다. 부대에서 보내준 스리쿼터를 타고 그곳에 따라가는 일도 큰 재미였다. 전혀 상상도 못했던 또 다른 세계가 그곳에 펼쳐져 있었다. 코카콜라의 그 현란하면서도 형언하기 어려운 첫맛을 본 것도 그때였다.

그렇게 어린 시절의 추억만 무성한 그 성당을 몇 년에 한 번씩은 찾게 된다. 2~3년 전에 그곳에 들러 미사를 드렸을 때, 청소하다가 잘못해서 생채기를 남긴 모자이크 창유리가 여전히 그 생채기를 안은 채 달려 있어서 유난히 반가웠다.

또 늙수그레한 점잖은 아저씨가 신자들을 반갑게 맞고 있어서 낯이 익다고 생각했더니, 초등학교 시절의 개구쟁이 신자친구가 아닌가. 사목회장이라고 했다.

나의 어린 시절은 여전히 성당 속 동화의 세계처럼 생생하게 살아있었다.

교육부 장관 임기를 마치고 대학에서 다시 학생들을 가르치는 **문용린**은
새하얀 머리에도 쑥스러운 미소가 여전히 소년 같다.
몇 번을 잘라도 다시 자라나는 도마뱀 꼬리와 같은 학교폭력을 근절하기 위해
그보다 더 질기고 끈질긴 노력을 기울이며 청소년 사랑을 실천하고 있다.

내가 만난 세 신학생

어느 날, 거리에서 수려하게 생긴 한국인 청년 장교를 만났다. "나는 서울 혜화동 신신대학 학생인데 사제가 모자라 이곳 유엔군 사단에 배치되었다. 나는 하느님께 내 생명을 유산으로 남겨줄 수 있는 한 사람만 선택해달라고 기도했다. 하느님이 너를 골라주시는 것 같다. 너의 집에 가자."

이인복 나자렛성가원장

1950년 6·25가 나던 때 나는 14세였다. 전쟁의 와중에서 신문사를 운영하시던 아버지가 납북당하셨다. 9·28 수복이 되자 어머니, 장녀인 나와 11세, 9세, 7세, 5세 그리고 5개월 된 아기 동생, 이렇게 일곱 여자만 남은 우리 가족은 월북자 가족으로 내몰리어 죽음의 위기를 맞아 피신할 수밖에 없었다.

가장 안전한 곳이라고 판단하여 은신한 곳이 부평 미군 부대 근처의 기지촌이었다. 나는 거기서 유엔군을 상대하는 성매매 종사 여성들의 생존을 보았으며 하느님이 계신지, 왜 끔찍한 전쟁의 피해를 우리나라, 그중에서도 우리 집안에만 더 많이 배당하셨는지 불평하고 반항하는 소녀가 되었다.

나는 그때 매일 집단자살하자고 어머니를 졸랐다. 어머니는 나에게 타고르의 기도문을 들려주시며, 슬픔이 기쁨으로 가는 지름길이고 고통이 행복으로 가는 징검다리임을 늘 말씀해주셨다.

"기쁨과 행복 속에서만 하느님께서 자비하시다고 감사하는 비겁한 신앙인이 되지 않게 하시고,

고통과 슬픔 속에서도 하느님이 내 손을 꼭 잡고 계신다고 찬미 감사드리며 사는 사람이 되게 하소서."

이 타고르의 기도문은 어머니를 통하여 하느님께서 나에게 주신 큰 은총의 가르침이었다.

그러던 어느 날, 거리에서 수려하게 생긴 한국인 청년 장교를 만났는데 그가 "나는 서울 혜화동 성신대학 학생인데 사제가 모자라 이곳 유엔군 사단에 배치되었다. 죽으러 가는 전쟁이라고 다른 군인들은 휴가를 얻어 매춘 여성들에게 위로받으러 가지만, 나는 하느님께 내 생명을 유산으로 남겨줄 수 있는 한 사람만 선택해달라고 기도했다. 하느님이 너를 골라주시는 것 같다. 너의 집에 가자."고 말했다.

신학생은 기지촌 한복판에 있는 우리 가족의 피신처에 와서 기도하였다.

"하느님! 제가 죽어 이 아이들을 살릴 수 있다면 제 목숨을 돌보지 마시고 이 아이들을 살려주소서. 저는 하느님을 알고 있기 때문에 지금 죽어도 하늘나라에 가지만, 이 아이들은 하느님이 누구이신지 조차도 모르오니 제 생명을 받으시고 이 아이들이 살아남아 하느님을 섬기며 살다 오게 하소서."

그렇게 기도한 후 그는 어깨에 짊어지고 온 자신의 유엔군 식량, 털 담요와 모포를 우리에게 주고 갔다.

왜, 무엇이, 누가, 그 신학생으로 하여금 자신의 생명을 지켜줄 음식과 겨울옷들을 우리에게 주고 전쟁터로 나가게 했을까? 그것은 주님이 신학생의 옷을 입고 오시어 나에게 해주신 일임을 나는 아주 먼 훗날, 성령 안에서 다시 태어났을 때에야 깨달았다.

신학생처럼 나도 사람의 생명을 살리는 일을 하겠다고 결심하고 부평시장에 있는 제일병원에 간호보조원으로 취직하여 하루 5백여 명의 성매매 종사 여성들에게 페니실린을 주사하였다. 한편으로 중학교 교과서를 구입하여 병원에서 짬이 날 때마다 혼자 틈틈이 공부도 하였다.

그 신학생의 가르침을 따라야겠다는 마음에 천주교 학교인 인천 박문여고에 응시했는데 1등을 했다. 임종국 바오로 이사장 신부님이 3년간 장학금을 주시겠다고 약속하시고, 우리 가족 모두를 천주교회 고아원에 넣어주셔서 부평 '성모원'에서 가족 모두가 세례를 받았다. "옛다, 책 사라." 하시며 용돈을 쥐어주시던 그분을 통하여 나는 하느님 아버지를 체험하였다.

그러나 고아원 원장님인 김영식 베드로 신부님은 엄격하고 냉정하시어 나는 신부님이 나를 미워한다고 생각했다. 그래서

고등학교를 졸업하던 날 동생들을 이끌고 다시 방값이 싼 기지촌 근처로 독립해 나왔다. 장학생으로 들어간 숙명여대를 다니며 가정교사로 동생들을 부양했다.

대학교 2학년이던 1957년 여름, 나는 혜화동 신학교가 일반인에게 개방하여 실시하는 하계 교리신학대학에 가고 싶었다. 본당신부님의 추천장이 필요했다. 본당인 고아원으로 찾아가 김 신부님께 추천서를 부탁했다.

신부님은 처음에 "여인이여! 너와 나 사이에 무슨 관계가 있느냐?" 하시며 냉대하는 듯하셨으나, 몇 시간이고 문밖에 서 있던 나에게 등록금과 추천장, 비타민 한 병을 주셨다. 그 덕분에 하계 교리신학대학을 무사히 마치고 신학 논문 경시대회에서 노기남 대주교님으로부터 1등 상을 받았다.

고아원에는 두 분 신학생이 계셨는데 나는 그들을 큰오빠, 작은오빠라고 불렀다. 슬픔과 고통, 분노와 절망 속에서 갈등하던 나에게 기쁨과 행복과 온유와 희망을 잃지 않도록 타이르신 분들이다. 그들은 하느님과 나 사이를 묶어준 질긴 밧줄이다.

추천장과 등록금과 비타민 한 병을 들고 울면서 집으로 돌아가던 내 앞을 자전거를 타고 달려가면서, 한마디 말도 없이 교복 윗주머니에 용돈을 찔러넣고 사라진 큰오빠 신학생, 이제는 원로 사제이신 그의 모습은 지금도 50년 전 그날의 뒷모습으로 내 가슴에 살아있다.

"김영식 신부님은 너를 겸손한 사람으로 키우시고자 일부러 꾸지람만 하시는 것이다. 신부님의 사랑에 감사해라." 하면서 〈준주성범〉을 읽으라고 주신 작은오빠 신학생, 그의 모습은 영원히 그날의 준주성범과 함께 20대의 신학생으로 내 가슴에 살아있다.

우리는 하느님 사랑을 세상에서 만나는 그리스도를 닮은 사람들을 통하여 체험한다. 하느님은 저 세 분의 신학생들을 통하여 뜨거운 성화의 의지, 수도 성직에의 향수, 그리스도의 사도로 살겠다는 불굴의 의지, 그리고 삼구칠죄三仇七罪의 유혹을 이겨내는 성령의 힘 등을 내 인생에 심어주셨다.

또 내가 지금 '나자렛 성가원'을 운영하는 것이나 성매매 종사 여성, 미혼모, 매 맞은 여성들을 돌보며 사는 이유도 그 신학생들에게서 받은 영적 영향 때문일 것이다.

세상에서 제일 아름다운 행위는 기도이고, 기도 중에서 제일 아름다운 기도는 하느님을 찬미하는 기도이고, 하느님을 찬미하는 기도 중에서 가장 아름다운 찬미기도는 하느님께 받은 은혜를 고백하는 것이라고, 로마 그레고리안대학의 영성신학 교수였던 로버트 페리시 신부님은 말씀하셨다.

신앙고백은 인간에게 베푸신 하느님의 자비에 감사드리는 찬미기도인 것이다.

어릴 때부터 성매매 종사 여성들의 아픔을 가슴에 안고 살았던 **이인복**은
서울시에서 운영하는 성매매 피해 여성 선도 보호시설인
나자렛 성가정공동체 원장으로 평생의 소원을 실천하고 있다.
한지공예, 수예품, 비즈공예 등 그곳 여성들이 직접 만든 작품들을 전시, 판매하고
음식도 나눠 먹으며 그들에게 희망을 심고 있다.

꽃잎으로 돌아오다

손톱만 한 벚꽃잎을 나한테 건넨 아가씨는 이렇게 말했다.
"사람의 손때가 묻지 않았어요. 하늘하늘 떨어지는 것을
책을 펼쳐 들고 받았으니까요."

정채봉 동화작가

누구나 그렇겠지만 내 안주머니를 차지하고 있는 것은 수첩
이다. 일일 약속이며 중요사항, 그리고 나한테 꼭 필요한 전화
번호가 적혀있기 때문에 상의 왼쪽 심장 편의 안주머니는 이 수
첩의 지정 방이라고 해도 틀린 말이 아니다. 물론 이 수첩의 알
맹이가 중요하다. 그러나 나한테는 수첩 갈피에 아름다운 표징
標徵이 있어 더더욱 소중하다.

12월 25일 크리스마스 주간에 다소곳이 잠자고 있는 꽃잎 한
잎. 큰 것도 아니다. 손톱만 한 벚꽃잎이다. 이 벚꽃잎을 나한

테 건넨 아가씨는 이렇게 말했다.

"사람의 손때가 묻지 않았어요. 하늘하늘 떨어지는 것을 책을 펼쳐 들고 받았으니까요."

그러면서 그녀는 나한테 수첩을 펴들게 해서 자기 수첩에 있던 것을 입바람으로 살짝 건네주었던 것이다. 그런데 이 벚꽃잎 이전에는 그 자리에 알프레드 테니슨의 시를 베낀 메모지가 들어있었다. 바로 그 앞에는 어린 종이학이 들어있었는데 그동안 바뀌고 바뀐 사연은 이렇다.

몇 해 전 나는 출장길에 충청도 괴산의 야산 길을 걷고 있었다. 가을날이었지만 가파른 오솔길을 오르는 데는 더운 날씨였다. 점퍼를 벗어 어깨에 걸치고 고갯마루에 올라 땀을 들이고 있는데 저 아래에서 앳된 목소리의 성가가 들려오고 있었다. 그것도 내가 가장 좋아하는 '주 하느님 크시도다'가.

주 하느님 지으신 모든 세계 / 내 마음속에 그리어 볼 때
하늘의 별 울려 퍼지는 뇌성 / 주님의 권능 우주에 찼네

나는 노랫소리를 좇아 가만가만히 내려갔다. 성가를 부르는 주인공은 오솔길 가의 도토리나무 아래에 있었다. 아기를 업고서 풀섶과 낙엽 속에서 도토리를 찾고 있는 그 아이는 초등학교

4, 5학년쯤 되어 보이는 단발머리였다.

내 영혼 주를 찬양하리니 / 주 하느님 크시도다
내 영혼 주를 찬양하리니 / 크시도다 주 하느님

나는 박수를 쳤다. 아이는 화들짝 놀라며 난데없는 나의 출현
에 경계의 눈빛을 띠었다. 나는 아이를 안심시키기 위해 먼저
본명을 댔다.

"나는 프란치스코라 한다. 네 본명은 무엇이야?"

"아네스예요."

"너 성가를 아주 잘 부르는구나."

"아녜요. 우리 주일학교에서는 마리아와 엘리사벳이 잘 부르
는걸요."

"물론 그들도 잘하겠지. 그러나 오늘 이 산 밑에서는 네가 그
야말로 그랑프리 감이다."

나는 가방을 뒤적였다. 마침 나의 동화집 〈물에서 나온 새〉가
한 권 있었다. 나는 책의 속표지 여백에 이렇게 썼다.

아네스에게,
성가 '주 하느님 크시도다'를 푸른 하늘 아래 풀과 나무와
새들 앞에서 기가 막히게 잘 불렀으므로 이 상품을 줌.

－정 프란치스코 아저씨－

아이는 어리둥절해하면서 선생님 앞에서 상을 받는 것처럼 두 손을 높이 치켜들어 책을 받았다. 나는 아이의 머리와 등에서 잠자고 있는 아기의 머리를 쓰다듬어 주고서 그 자리를 떴다. 그런데 한참 내려가는데 아이가 "아저씨! 아저씨!" 하면서 달려왔다. 콩밭언덕에서 기다리고 있자 아이는 다가와서 어린 종이학을 내밀었다.

"지난 주일에 성당에서 접은 거예요. 전 이것밖에 드릴 게 없어서….."

아이는 말을 맺지 못하고 도망치듯 돌아갔다. 나는 어린 종이학을 소중히 수첩 갈피에 넣었다. 그리고 많은 날들이 지났다. 해가 지나 수첩이 바뀔 때는 어린 종이학을 전화번호와 함께 새 수첩으로 옮겼다.

재작년에 주위의 권유로 난생처음 종합검진을 받았다. 그런데 두 군데에 재검사 지시가 떨어졌다. 지정받은 날에 긴장하여 병원 대기실에 앉아있는데 옆자리에 그야말로 성냥개비처럼 마른 분이 검지손가락에 묵주반지를 끼고 있었다.

나는 그날도 나의 본명을 먼저 소개하는 것으로 말문을 열었다. 요셉이라고 한 그분은 자신이 "이만큼이라도 담담할 수 있을 때 하느님께서 데려가 주셨으면 좋겠다."고 했다. 나는 가슴

해 지고 저녁별
나를 부르는 소리
나 바다로 떠날 때
모래톱에 슬픈 울음 없기를

무한한 바다에서 온 것이
다시 제 고향으로 돌아갈 때
소리나 거품이 나기에는 너무나 충만한
잠든 듯 움직이는 조수만이 있기를

황혼 그리고 저녁 종소리
그 후에는 어둠
내가 배에 오를 때
이별의 슬픔이 없기를

시간과 공간의 한계로부터
물결이 나를 싣고 멀리 가더라도
나를 인도해줄 분을 만나게 되기를
나 모래톱을 건넜을 때

알프레드 테니슨의 '모래톱을 건너며'

이 아팠다. 위로의 말은 해야겠는데 마땅히 할 말이 없었다. 나는 문득 수첩 속의 어린 종이학이 생각나서 그것을 꺼내어 건네며 말했다. "하느님께서 좋아하시는 어린이가 접은 겁니다. 힘이 되었으면 좋겠네요."

그분의 얼굴에 미소가 떠오르는 것을 나는 보았다. 그분은 호주머니 속에서 작은 성서를 꺼내었다. 그러고는 거기에 내가 준 어린 종이학을 조심스럽게 넣고는 다른 갈피에서 메모지를 꺼내어 나한테 주었다.

"내가 요즈음 자주 읽고 있는 시입니다. 부끄럽습니다만 가지시겠습니까?"

이내 간호사가 나타나서 그분을 데리고 안으로 들어갔다. 그분과 나는 가벼운 인사를 나누고 헤어졌다. 나는 종이학이 나가고 없는 수첩 갈피에 알프레드 테니슨의 '모래톱을 건너며'를 넣었다.

그리고 또 많은 날들이 지났다. 어느 날 저녁엔가 늦은 시간에 화곡역에서 전철을 탔다. 그런데 건너편 의자에 앉은 승객이 내 얼굴을 아는 것 같았다. 나는 외면을 했다.

다음 역에서 내 옆자리 승객이 내리자 앞자리의 그녀가 자리를 옮겨와 "정 선생님이시죠?" 하고 물었다. 내가 얼버무리고 있는데 "서울주보에서 간장종지를 잘 보고 있어요." 하는 것이 아닌가. 어쩔 수 없이 나는 그녀의 말 상대가 되었다.

이 얘기 저 얘기 끝에 그녀는 그날 오래 사귄 남자친구와 헤어지고 돌아가는 길이라고 했다. 금방이라도 눈물이 쏟아질 것 같은 그녀를 달래느라고 나는 수첩 속의 시를 건네주며 어린 종이학과 시에 얽힌 사연을 이야기하였다. 그러자 그녀는 슬픔이 걷힌 얼굴로 말했다.

"동화 속 얘기 같네요. 염소를 팔러나간 영감이 바꾸고 바꾸어 썩은 사과를 들고 오는 동화 말예요."

그러면서 그녀가 나한테 건네준 것이 지금의 이 벚꽃잎인 것이다. 다음에는 어떤 이의 무엇과 바뀌려는지….

서울주보 '간장종지'에 매주 짧은 글로 긴 여운을 주었던 동화작가 **정채봉**은
간암 말기 투병 중에도 특유의 박꽃같이 환한 미소를 보여주더니 2001년 1월 우리 곁을 떠났다.
"거드름을 피우지 않으며, 대접을 받고자 아니하며, 기쁨의 얼굴로 더도 덜도 없이
받은 그대로를 전해주고 아쉬움을 느끼게 상큼 돌아가는 사람"
그가 '참 심부름꾼'이라는 제목으로 썼던 글 한 토막이다.
정채봉 프란치스코는 그의 글 그대로 '참 심부름꾼'이었다.

내가 다 밀어주마

신학교 시험을 보았다. 찹쌀떡과 엿을 선물하는 후배들에게 미안한 마음마저
들었다. 나는 문제와 상관없이 아무렇게나 답안지를 작성했다. 심지어 아예
문제를 보지 않은 과목도 있었다. 나에게는 떨어져야 하는 시험이었다.

이재웅 신부

내 아버지도, 할아버지도, 할아버지의 할아버지도 하느님을
섬겨왔다. 나는 구 교우집 후손이다. 할아버지는 마을의 공소회
장이셨다. 온통 교우들로 가득한 우리 마을에서 할아버지는 신
부님 다음인 서열 2위이셨다.

할아버지는 신앙에 있어서는 어떠한 타협도 안하시는 외골수
이셨다. 나는 어려서 할아버지가 아침저녁으로 무릎 꿇고 기도
하시는 모습을 보면서 할아버지보다 높으신 하느님이 계심을
알게 되었다.

할아버지는 아주 엄하셨지만 나에게는 신기한 도깨비방망이

같은 분이셨다. 썰매 타는 친구들이 부러워 "할아버지, 썰매"라는 말만 하면 다음 날 나는 틀림없이 썰매를 타고 놀 수 있었다. "할아버지, 연" 한 다음날이면 나는 신나게 연을 날리고 놀았다. 지금 생각해보면 침침한 눈으로 연살을 깎으셨을 할아버지께 죄송한 마음이다.

그런 할아버지의 소원은 내가 신부님이 되는 것이었다. 나도 신부님이 되어야 하는 줄 알았다. 할아버지는 우리 집안에 신부님이 나시게 되었다며 나를 매우 사랑해주셨다.

중학교 2학년 때 할아버지가 폐암에 걸리셨다. 할아버지는 치료받으러 서울 작은아버지 댁으로 가셨지만 암의 전이가 상당히 진행된 상태였다.

병원에서의 노력이 한계에 이르자 고향 집으로 모시게 되었다. 구급차에서 내리시는 할아버지 모습에서 죽음이 이미 할아버지를 삼키고 있음을 느낄 수 있었다. 몇 달 동안 온 가족이 하느님께 매달려 기도하였지만 할아버지는 창조주 하느님께로 돌아가셨다.

할아버지가 돌아가시면서 신부님이 되어야겠다는 생각이 시들해졌다. 고등학교에 들어간 뒤에는 점점 막연한 꿈이 되어갔다. 결국 그 한계가 대학진학을 앞두고 다가왔다. '신부님이 되는 것이 진정한 나의 바람인가?' 깊은 고민 끝에 '되어야 한다는 의무감이었지 되고 싶다는 원의가 더 이상 없는 신학교행을 이젠 포기한다. 내 인생의 주인은 나요, 선택도 내가 하고 책임도 내가 진다.'라는 결론을 내렸다.

진학 문제로 지도 수녀님을 찾았다.
"신학교 가는 것을 포기하겠습니다."
그러나 수녀님은 기도해주고 도와주신 많은 분들을 위해 시험이라도 치르라고 권고하셨다. 시험이라도 보라, 어렵지 않은 일이었다. 시험 보아 떨어지면 오히려 내게는 맘 편한 핑곗거리가 생기는 셈이었다.
신학교 시험을 보았다. 찹쌀떡과 엿을 선물하는 후배들에게 미안한 마음마저 들었다. 나는 문제와 상관없이 아무렇게나 답안지를 작성했다. 심지어 아예 문제를 보지 않은 과목도 있었다. 나에게는 떨어져야 하는 시험이었다.

발표날이 되었다. 같이 시험 본 친구들은 발표를 보러 신학교까지 간다는 둥, 심장이 떨린다는 둥 난리였지만 나는 천하태평 늦잠을 잤다.
부모님은 영문도 모르신 채 신학교 가야 하는 것 아니냐며 성화를 내셨다. 식구들이 모인 가운데 불합격 확인 전화를 걸었다. 학교까지 가서 부모님에게 실망감을 안겨드리고 싶은 아들이 어디 있겠는가?

"여보세요, 신학교죠? 합격자 확인을 하고 싶은데요."

"이름을 말씀하세요."

"김윤중이요."

"잠시 기다리세요. 학사님, 축하드립니다."

"붙었어요? 감사합니다. 윤중이는 제가 아니라 제 친구거든요. 그런데 저, 이재웅은 어떻게 되었나요?"

"본인이세요?"

"네."

"환영합니다. 합격이시네요."

세상에 이렇게 황당한 합격 소식이 있을까? 나는 이제 어떻게 해야 하나? 며칠 동안 도대체 정신을 차릴 수 없는 캄캄한 낮과 밤을 보냈다.

결론은 일단 항복이었다. 도저히 하느님이 무서워서 어찌할 수가 없었다. 만일 신학교에 들어가지 않는다면 정말 무슨 일이 생기고야 말 것 같았다.

그러나 들어가기는 하되 1년만 있다가 다시 나온다는 단서를 달았다. 그렇게 해서 입학식 때의 사진에 우울한 내 모습이 담기게 되었다. 하기 싫은 결혼을 억지로 하면 이런 느낌일까?

그렇게 시작된 신학교 생활은 끔찍하게 괴로웠다. 선배들로부터 문제 있다는 지적과 경고를 받기 시작했다. 몸무게도 눈에 띄게 줄어들었다.

그러다가 힘들어서 찾아뵌 담임 신부님으로부터 "인생은 활짝 핀 장미 꽃송이처럼 사는 거야."라는 말씀을 들었다. 지금 생각하면 신부님의 그 말씀 한마디가 그때의 나에게는 절실히 필요했다. 일 년 후에 자퇴할 마음이니 정도 의욕도 들지 않아 의기소침해 있던 나에게 힘이 되어주었다.

신부님과의 만남 이후엔 즐거움과 재미를 느끼기 시작했다. 그동안 거부하기만 했던 하느님의 초대를 다시 한번 생각하게 되었다. 그러나 여전히 사제직은 그다지 매력적인 초대는 아니었다. 하지만 거역하기도 쉬운 일은 아니었다.

어느새 일 년으로 못박았던 신학교 생활이 이 년째로 접어들었다. 뾰쪽한 결정을 내리지 못한 나는 결국 입대를 선택했다.

이등병과 일병시기를 정신없이 지나고 나서야 생각할 여유가 생겼다. 초소 근무 중에도 보초에는 관심 없고 복학할까 말까

하는 고민에 빠져있었다. 스스로 자유로운 결정, 후회 없는 결정을 하겠다고 다짐하고 들어온 군대였건만 나는 어떤 결정도 내리지 못하고 있었다.

하느님의 마음은 바뀌시지 않을 것 같고, 사제직이 그렇게 싫은 것도 아니지만 그렇게 좋아 보이지도 않고, 만일 내가 여기서 거역하면 인생이 심하게 꼬일 것 같고… 미룰 수 없는 선택의 상황에서 동료들이 흥분하여 떠들어대는 특명과 제대날짜는 오히려 심한 부담을 안겨주었다.

그러던 어느 날 초소 근무를 서던 중 내가 알고 있던 하느님과는 전혀 다른 하느님의 소리를 듣게 되었다. 아니 느꼈다.

"재웅아, 난 네가 신부가 되어도 좋고 장가를 가도 좋다. 그러나 무엇 하나 네가 확실히 결정하기만 하면 내가 다 밀어주마."

그때까지만 해도 나는 신학교로 돌아가고 싶은 마음보다는 하느님을 거역하면 받게 될 벌을 두려워하고 있었던 것이 사실이었다. 그런 차에 들은 하느님의 말씀은 내가 품어왔던 무서운 하느님의 상을 깨뜨리는 계기가 되었다.

그날 나는 신학교에 복학하기로 결심했다. 여전히 사제직에 대한 생각은 변함이 없었지만 이렇게 나를 배려해주시는 하느

님의 넓은 품에 나의 인생을 맡기기로 결정한 것이다. 하느님께서 어련히 알아서 해주셨을까?

돌이켜보면 고민하고 괴로워했던 모든 일들이 다 어리석은 생각이었다. 도망치려고 해도 도망칠 수 없는 것을 그렇게 피하려 했으니….

솔직히 신부가 된 지금도 한눈팔면서 '다른 일을 했더라면 미친 듯이 열심히 했을 텐데.' 하는 생각을 품곤 한다. 특히 결혼 생활에 대한 동경은 막아도 막아도 막아지지 않는다. 그러나 하느님께서 내게 정해주신 길이니 끝까지 가야 한다는 소명감을 잊지 않는다.

하느님께서 신학교 복학 이후 지금까지 약속을 지켜주심을 느낀다. 예나 지금이나 하느님의 섭리가 아니라면 신부가 되고 신부로 산다는 것은 생각하지도 못할 일이다.

하느님께서 기뻐하실 훌륭한 성당을 지을 수만 있다면
교우들이 콧노래를 흥얼거리며 미사에 올 수만 있다면
무슨 일이라도 하겠다는 각오로 **이재웅** 신부는 하루를 시작한다.

수녀님 만나러 뜀박질 하던 밤

"나도 이런 옷 하나 얻어 줄 것이지, 엄만 참 바보야." 하며
뒤적이는데 "그 사진이 마음에 들어?" 하는 소리가 늘렸다.
돌아보니 앞치마를 두른 수녀님이었다.

이주실 연극배우

입학하던 해 6·25전쟁이 터졌고 다시 학교에 돌아왔을 때 내
고향 소사는 폐허였다. 부모를 잃어 고아가 된 아이가 하나둘이
아니고, 길에는 깡통 찬 걸인이 몰려다니며 행패를 부리질 않
나, 그렇게 좋아하던 담임선생님은 빨갱이로 몰려 잡혀가질 않
나, 조용하던 복사꽃 마을이 어수선했다.

우리 외가도 몰락했다. 외삼촌 한 분은 피난 가다 죽고, 나를
입학식에 데려갔던, 서울공대 다니던 외삼촌 두 분은 월북했다.
그래서 일본 유학까지 한 큰 외삼촌이 취직도 못하고 어디론가
불려가는 것을 자주 보았다.

그럴 때마다 엄마는 삼촌들이 쓰던 T자와 제도용 연필을 매만지며 설움을 달래시거나 장독대에 물대접을 놓고 두 손을 비비며 자꾸만 절을 하셨다. 나도 그러고 싶었다. 교육자 집안이고 부잣집 외손녀라고 떠받들던 사람들이 눈꼬리를 치켜뜨고 냉랭하게 굴 땐.

그래서 식구들이 잠든 밤이나 새벽에 조용히 일어나 장독대로 가는 엄마를 자주 엿보았고, 들키면 엄마가 민망할까 봐 얼른 나뭇가지로 마당에 그림을 그리는 척하거나 춤추는 시늉으로 엄마를 웃겼다.

그러다가 정말 그림 잘 그리고 춤 잘 추는 아이가 돼 여기저기 뽑혀 다녔지만 그건 엄마를 괴롭히는 일이라 아주 싫었다. 늘 크레용이 부족하고 춤출 때 입을 옷 걱정을 해야 하니까.

전쟁으로 불탄 성당을 재건해 준공식을 하던 때도 그랬다. 우리 학교에 축하공연 의뢰가 왔다. 나와 혜옥이가 전국 무용대회에 나가 특선을 한 게 소문이 나 초청된 것이다.

문제는 옷이었다. 혜옥이는 홀보드르르한 천에 허리가 잘록 들어가고 레이스가 주렁주렁 달린 환상적인 옷인데 난 엄마가 당신 인조 속치마를 뜯어 혜옥이 옷을 본떠 만들어준 옷에 양말도 없어 버선을 신고 춤을 춰야 했으니….

나는 싫다고 고집을 부리며 학교를 빠져나가 성당 쪽으로 몸을 숨겼다. 보나 마나 선생님이 우리 집에 부탁하러 오실 테니 해 질 녘에나 들어갈 심산이었다.

학교 가는 길가에 있었건만 무심히 지나치던 성당 주변을 빙빙 돌다 처음으로 성당 문을 삐거덕 열어보았다. 독한 시멘트 냄새에 멀미가 났지만 알록달록 신기한 것들이 많았다. 초콜릿, 사탕, 우윳가루, 앙증맞은 방울이며, 혜옥이의 무용복과 냄새도 모양도 비슷한 옷도 있었다. 어떤 건 실밥 풀린 단추가 대롱대롱 매달려 있거나 하나 건너뛴 것도 있었다.

“나도 이런 옷 하나 얻어 줄 것이지, 엄만 참 바보야.” 하며 뒤적이는데 “그 사진이 마음에 들어?” 하는 소리가 들렸다. 돌아보니 앞치마를 두른 수녀님이었다.

“아, 사진.”

그제서야 유리가 깨질까 봐 사진틀을 가슴에 품고 있었다는 것을 깨달았다. 나는 남의 것을 탐내다 들킨 아이처럼 더듬더듬 말했다.

“저… 여기 이 아저씨는 누구예요?”

“으음, 그분은 예수님이시란다.”

낮고 부드러운 목소리가 내 가슴을 울렁거리게 했다. 음악 같았다.

그날부터 나는 수녀님을 따르는 맹신도가 됐다. 말로만 듣던 수녀님을 이렇게 가까이에서 만나다니, 수녀님과 얘기를 하다니…. 나는 앞치마를 두르고 손님 맞을 준비를 하시는 수녀님을 졸졸 따라다녔다.

수녀님이 바지직바지직 껍질을 벗겨 입에 넣어주신 사탕도 좋았고 미국 사람들이 구호물자로 보내준 옷보다는 엄마가 정성으로 만들어주신 옷이 더 값지다는 말씀도 좋았다.

수녀님께 잘 보이고 싶어 성당 준공식 날 어른들 앞에서 춤을 추었음은 물론이고 수녀님을 만나러 40분 넘게 걸어야 하는 수녀원을 찾아갈 생각을 하기 시작했다.

동시에 엄마 눈 밖에 날 짓을 하면 금족령이 떨어질까 봐 말 잘 듣는 어린이가 되기로 했다. 학교에서 돌아오면 마루에 책가방 내던지고 고무줄놀이에서 말뚝박기까지 남녀 구분 없이 천방지축이던 내가 말이다.

그런데 걱정은 수녀님이 낮에는 성당 일 하시고 고아원 아이들 돌보시느라, 집집이 방문하며 선교하시느라 바빠 밤에 가야 만날 수 있었던 거다.

그때는 해만 지면 아주 새까만 밤이라 아이들은 일찍부터 이

불 쓰고 자는 것이 보통인데 엄마는 혼자 저러다 말겠지 하시는 모양이었다.

동네를 한 바퀴 돌며 고사떡 접시를 돌리라 해도 무서워 죽는다고 엄살이고 집 안에 있는 뒷간에도 혼자 못 가 꼭 엄마를 문밖에 세워두고도 "엄마 거기 있어?"를 연발하던 겁쟁이였으니 말이다. 수녀님이 보고 싶어 턱을 괴고 앉아 궁리를 하거나 잠자리에서 뒤척이는 날이 많아졌다.

그러던 어느 날 밤 갑자기 엄마가 내 손을 잡아 밖으로 끄시는 게 아닌가.

'이크, 내가 무얼 또 잘못했나?'

가슴이 철렁 내려앉았다. 부모님은 우리가 무언가 잘못하면 데리고 걸으며 조근조근 타이르곤 하셨기 때문이다.

난 재빨리 머리를 회전시키며 따라나섰다. 수녀님 못 만나는 심통으로 업고 있던 동생 엉덩이를 꼬집은 걸 누가 일러바쳤나 아니면… 하도 어긴 것이 많아 미처 다 꺼내지도 못했는데 기찻길에 닿았다.

엄마가 발걸음을 멈추시더니 수녀원 가는 길로 내 등을 떠미시며 말씀하셨다. "동생들 때문에 더는 못 데려다주니 혼자 가거라. 무서워서 못 간다는 건 핑계야. 엄마가 여기서 지켜볼 테니 어서 가."

나는 뛰기 시작했다. 기찻길 건너 첫 번째 관문인 상엿집을 지날 땐 숨이 꼴깍 넘어가는 듯했다. 상여를 타고 북망산으로 간 옆집 할아버지와 건넛마을 순희 고모가 머리를 풀어 헤치고 나와 뒷덜미를 잡아끄는 것 같았다.

그다음엔 문둥이 산이다. 윗몸을 굽혀 배를 움켜쥐고 내처 달렸다. 사람을 잡아다 간을 먹는다니 간 안 빼앗기려면 도리가 없었다. 그다음 무당집이야 굿 구경 다니며 늘 보던 사람이고 사당도 까짓거 돌멩이 주워 돌탑에 올리고 꾸벅 절하면 봐주겠지. 그렇게 달려 수녀님을 찾아갔다.

그로부터 40년 후 나는 암에 붙들렸다. 불치병이라는 암에. 사람들은 주님께 살려 주십사 매달리라고 했다. 그러나 염치없는 짓이었다. 나는 무늬만 신자였으니까.

그래서 늘 하던 대로 두 딸을 바른길로 인도해주실 것과 자신을 성찰할 수 있는 기회를 주심에 감사할 수 있게 해달라고 기도했다.

그렇게 마음먹으니 자연스럽게 내가 가야 할 길이 보이기 시작했다. 더 오래 사는 방법보다 지금까지 내게 사랑을 보내준 분들께 그 사랑을 돌려드리는 일을 찾았더니 마땅한 일들이 뒤

를 이었고 환자 꼬리표를 달고 사는 8년 동안 내가 필요한 곳을 보여 주시고 움직이게 하셨다.

나는 그럴 때마다 "어머나, 주님!"을 외친다. 어쩌면 열심을 다해 주님을 향하지도 못한 나를 이렇게 잘살게 해주시는지 놀라움에 떤 적도 많다.

이젠 나를 만나는 사람들이 저마다 말한다.

"아휴, 건강해 보이네요. 다 나으셨나 봐요."

그럴 때면 나는 대답 대신 주머니에서 묵주를 꺼내 달랑달랑 흔들어 보인다. 지금 나의 병도 하느님의 계획표에 이미 있던 것인지 모른다. 나태해진 나를 흔들어 깨우시고 스스로 깨달아

눈 뜨게 하시려는 계획. 성공을 거둘 때나 실패했을 때나 섭리를 깨닫게 하시려는 계획.

　내가 열한 살 적 밤에 수녀님을 처음 찾아갔던 날, 내 손엔 서툴게 그린 나의 예수님이 있었다. 성당에 들어가 처음 본 예수님 사진을 연필로 흉내 낸 그림이.

'암 투병 연극배우'란 꼬리표가 달렸던 **이주실**은 지금 현도사회복지대 학생이다.
쉽게 꺼질 줄 알았던 자신이 낙담하지 않고 희망을 향해 갈 수 있도록 도와준
많은 분들을 생각하면 고마움에 말문이 막힌다.

여동생 봇짐에 끼워준 악보

떠나는 날 아침, 악보를 동생의 봇짐에 끼워주며 오빠의 기도가 담긴
노래이니 시간 날 때마다, 또 힘들고 어려울 때마다 불러보라 권했다.

이종철 신부

그날, 어머니가 마지막 숨을 가쁘게 몰아쉴 때 나는 넋을 잃
고 어머니의 맥박을 꼭 쥔 채 멈출 때를 기다리고 있었다.

그러자 곧 어머니의 숨과 맥박이 동시에 멈추고 입술이 새파
래지셨다. 나는 어머니의 시신을 그대로 둔 채 재빨리 연필과
오선지를 찾아들고 언덕 위의 성당으로 달려갔다. 어머니의 장
례식 때 불러드릴 성가를 만들기 위해서였다.

다른 형제들은 제명대로 살지 못하고 돌아가신 어머니의 죽
음을 애석해하며 울부짖는 동안 장남인 내가 시신 곁을 떠나 없

어졌으니 난리가 났다. 마을 사람들은 나를 미쳤다고까지 했을 것이다.

지금까지 나 자신도 이해되지 않는 부분이다. 누가, 왜, 그 순간에 장례곡을 만들라고 성당으로 끌고 갔는지 도무지 모를 일이다. 그때까지 내가 감히 성가를 만든다는 것은 상상도 못해 봤다.

하여간 나는 성당에 올라가 성체 앞에 꿇어앉아 눈물과 콧물을 한없이 흘리며 입당 성가부터 마침 성가 그리고 고별식 성가까지 장례미사곡 한 세트를 두어 시간 만에 만들어냈다. 그리고, 누나와 동생 둘과 함께 부를 4부 합창을 연습하여 장례미사 때 어머니의 영혼을 위해 뜨거운 기도를 드렸다.

이것이 내가 처음으로 성가를 만들게 된 동기다. 그때 내 나이 스물일곱 살이었고, 신학교에서 쫓겨나 여자중고등학교에서 음악 교사로 있을 때였다.

어머니의 죽음은 대단한 충격이었다. 굳게 믿었던 큰아들은 멀리 유학까지 가서 사제서품을 몇 달 앞두고 등산길에서 추락사하여 그곳에 묻혀버렸고, 형을 대신해 신부가 되겠다던 나 역시 신학교에서 쫓겨났으니, 믿었던 도끼에 발등 찍힌 격이 되자 어머니는 뇌출혈로 세상을 떠나신 것이다.

종종 어머니를 떠올리면 성모님 생각이 난다. 믿었던 외아들이 효도는커녕, 동네 사람들로부터 외면당하고 떠돌이 생활을 하더니 설상가상으로 십자가에 발가벗긴 채 매달려 죽어가는 꼴을 봐야 했던 그 성모님 말이다.

어머니는 평소처럼 주일 새벽 미사에 참례하고자 우리 집과 같은 담을 쓰는 언양성당으로 가시던 길이었다. 회갑을 갓 넘긴 어머니는 농사일하며 아이 열둘을 낳고 기르는 동안 온갖 병치레를 하느라, 팔순 노인처럼 늙고 유난히 허리가 꼬부라지셨다. 특히 두 아들의 비운에 속이 얼마나 상하셨던지 온몸이 망가진 상태였다.

그런 어머니가 차가운 겨울 아침, 성당을 오르는 계단에서 그만 넘어지셨다. 마침 성당에 오던 교우 한 분이 부축하며 집으로 돌아가 쉬시라고 권유했다.

그러나 어머니는 "이 정도 가지고 주일미사를 빠질 수는 없지요." 하며 기어코 성당 안으로 들어가셨고 비틀거리며 예물봉헌을 마치고 돌아 나오다 두 번째로 또 넘어지셨다.

교우들이 놀라며 병원으로 가자고 권유했으나 "영성체를 하지 않으면 미사에 빠진 거나 마찬가지예요." 하며 끝까지 참으셨던 어머니는 성체를 받아 모시고 나오는 길에 세 번째로 넘어지셨다.

즉시 의사를 불렀지만 이미 때를 놓치고 말았다. 의사는 더이상 손을 댈 수 없다며 가방을 챙겨 떠났고 동네 교우들은 넋을 잃고 그저 '예수 마리아'를 외워대고 있었다.

소식을 듣고 고향으로 달려간 나는 이미 말문을 닫아버리고 숨만 가쁘게 몰아쉬는 어머니 품에 머리를 박은 채 아무 말도 할 수 없었다. 그러다 갑자기 성당으로 달려간 것이다.

그 뒤로 성가 작곡을 여러 번 포기할 뻔했지만 이상할 정도로 계기가 계속 이어져서 나는 그것이 어머니가 하늘나라에서 내려주시는 은총이라는 확신을 갖게 되었다.

어머니가 돌아가신 지 몇 개월 안된 어느 날, 우리 형제 중에서 제일 못생기고 병약하며 가장 바보스런 여동생이 수녀원에 간다고 나섰다.

홀아비가 된 아버지를 여동생이 그나마 돌봐 드려야 할 상황이었고, 그보다 더 근심스런 일은 저렇게 못난 아이가 수녀원에 가면 필연코 몇 달이 안 되어 쫓겨올 게 틀림없는데 이걸 어쩌나 하는 걱정이었다.

평소에도 여동생에게 "너는 안돼! 너처럼 병약한 아이는 수녀가 될 수 없어."라며 여러 번 만류했지만 바로 다음 날 수녀원에 입회하러 간다니 이제 더 이상 말릴 수도 없는 노릇이었다.

　나는 여동생이 본당신부님께 고별인사를 드리러 나간 사이, 동생 방에 들어가 이런저런 상념에 하염없이 빠져있었다. 별의별 생각이 다 났고 무엇보다도 저 못난 아이가 수녀원 생활을 이겨내지 못하고 쫓겨나면 어떡하나 싶어 여간 불안하지 않았다. 그 불안은 곧 기도로 바뀌었다.

　"주님, 당신은 하고자 하시면 무엇이든 하실 수 있는 분이오니 제발 저 못난 아이를 지켜주십시오."

　그리고 돌아가신 어머니의 영혼에게도 기도해달라고 울먹이며 부탁드렸다.

　그러다 우연히 책상 아래로 눈이 갔다. 휴지통에 깨알 같은 글씨의 종이쪽지들이 찢겨있었다. 몇 개를 꺼내 펴보니 '주여 당신 종이 여기 왔나이다. 하얀 소복 차려 여기 왔나이다.'라는 글귀였다. 불살라버리려고 찢어둔 일기였다.

　나는 갑자기 성가를 만들고 싶은 충동이 생겼고, 그 쪽지들을 차례로 배열해 두고 그 위에 곡을 붙였다.

　동생을 주님께 맡기는 애절한 기도로 시작하여 수개월 전 돌아가신 어머니 생각, 그리고 두려움과 불확신으로 신학교에서 뛰쳐나온 뒤라 내가 못한 성스러운 성직을 동생이 대신하게 해달라는 주님께의 호소가 함께 상승작용을 했다.

떠나는 날 아침, 악보를 동생의 봇짐에 끼워주며 오빠의 기도가 담긴 노래이니 시간 날 때마다, 또 힘들고 어려울 때마다 불러보라 권했다.

한 달쯤 지나서 여동생으로부터 편지가 왔다. "오빠, 첫날은 그 노래를 부르며 혼자 울었지만 다음날은 입회 동기생들이 모두 울었고 그다음 날은 온 수녀님들이 흐느꼈습니다."라고.

나는 지금도 부지런히 살아가는 동생 수녀를 보면서 이 성가의 은총이라 생각해 본다. "버려진 돌이 모퉁이의 머릿돌이 되었나이다."라는 성서 말씀이 떠오른다.

제일 못생기고 병약하며 가장 바보스럽던 아이가 어쩜 우리 형제 중에 제일 건강하고 똑똑하며 가장 활동적인 사람으로 바뀌게 되었는지 도무지 이해가 되지 않는다. '신앙의 신비'라고밖에 달리 표현할 길이 없다.

그 후 죄인과 불효자의 멍에를 벗기 위해 나는 몸부림쳤고, 사제가 되는 것이 유일한 효도라는 걸 깨달았으며 피눈물 끝에 사제서품을 받았다.

비록 부모가 다 돌아가신 뒤였지만 천국에서 함께 기뻐하심을 믿을 수 있었다. 참 효도는 부모가 죽은 다음에야 할 수 있는 것이란 생각이 들었다.

내가 어릴 적에 부친께서는 초대 본당신부로 오신 파리외방 전교회소속 프랑스선교사 신부님께 오르간을 배워 미사 때 반주를 하셨기에 일찍부터 나는 오르간 장난에 익숙했다.

특히 미사 중에 오르간 옆에 붙어 서서 몰래 건반 하나를 꾹 누르는 장난을 많이 했는데 그럴 때마다 부친의 큰 손이 내 몸뚱아리를 쳐 나는 구석으로 내동댕이쳐졌다. 그래도 신명이 난 나는 또 몰래 살금살금 기어가 이번에는 아래쪽 건반을 응시하며 장난의 기회를 엿보기도 했다.

부친 덕분에 우리 형제들은 매일 성당에 가서 오르간 연주와 성가 부르기를 가장 큰 낙으로 삼았고 그것이 곧 우리의 성체조배가 되었다.

지금도 오르간에 앉아 부르고 싶은 성가 대여섯 곡을 부르는 것이 곧 나의 성체조배다. 참회와 자비의 성가를 먼저 부르고 감사와 성모찬송, 끝으로 순교자 찬가를 부르는 동안 저절로 흩어진 마음이 참하게 정리되고 깊은 신심으로 성당을 걸어 나오게 된다. 아마도 성가를 정성껏 부르고 뜻을 새기며 노랫말을 깊이 묵상하기 때문인 것 같다.

많은 사람들이 '이종철 신부의 성가곡은 한결같이 슬픈 노래요, 눈물과 비탄의 성가'라고들 말한다. 하지만 어쩔 수 없는 일이다. 성가 작곡의 시작이 그랬고 또한 지금은 한 사제로서 슬프고 외로운 사람들의 벗이어야 하기에 앞으로도 나는 그런 성가를 만들고 싶다.

언젠가 천국에서 천사들과 함께 지내는 날, 그제야 나는 기쁨과 환희, 찬양과 감사의 노래만 전문적으로 만들까 생각하고 있다.

직접 대본을 쓰고 작곡, 지휘까지 하는 **이종철** 신부는
공연 때마다 많은 이들의 심금을 울리고 신앙심을 일깨운다.
2004년 청주교구 충북재활원돕기 자선음악회에서
1984년 시성식 기념작으로 한국천주교 순교자현양 마당극을 했다.

야인 선생과의 영혼놀이

선생과 나는 만날 적마다 대개 술자리를 벌였다.
억병으로 마시고 떠들고 노래하고 춤추고 때로는 울고
이렇듯 소란을 떨었다. 그러나 일반적 술판과 달리…

구 상 시인

야인也人 김익진 선생은 자신의 아호를 "나는 만년야인萬年野人
이라 그 음을 따서 지었다."고 하듯 일생을 보낸 분이라 일반에
게는 알려지지 않고 있다. 그러니 저 '사死의 찬미'의 가수 윤심
덕과 현해탄에 몸을 던진 목포 부호의 아들 김우진의 아우라면
더러 짐작할 분이 계시리라.

선생은 1906년에 나서 지난 70년 대구에서 선종하셨다. 그분
은 일찍이 일본의 와세다대학을 거쳐 베이징대학에서 수학하던
때 거기 도서관 사서였던 모택동을 만나 중국공산당에 입당한

일도 있었다.

그 후 회심하여 귀국한 뒤, 처음에는 불교에 들어가 입산 참선하다가 1936년 마침내 가톨릭에 귀의하였으며 자기가 물려받은 수많은 재산을 소작인들에게 몽땅 나누어주고 그 일부는 교회에 헌납하고서 그야말로 빈털터리로 살다가 갔다.

선생이 가톨릭 신부로서 북한 공산당에게 납치되어 간 나의 형과 친교가 있어 학생 때 알게 되었다가 피난지 대구에서 다시 만나고부터 나는 그분의 뜨겁고 분에 넘친 지우知遇를 받게 되었다.

선생과 나는 만날 적마다 대개 술자리를 벌였다. 억병으로 마시고 떠들고 노래하고 춤추고 때로는 울고 이렇듯 소란을 떨었다. 그러나 일반적 술판과 달리 천주님만이 화제와 주정의 중심이었다.

그래서 선생과 나는 우리들의 술자리를 '영혼의 놀이터'라 불렀다. 어떤 때 우리는 선생의 선창으로 아씨시 프란치스코 성인의 '태양의 노래'를 부르며 주님을 찬미하였다.

내 주여! 당신은 우리의 형제

해님에게 찬미를 받으소서.

내 주여! 당신은 우리의 자매

달이며 별들에게 찬미를 받으소서.

내 주여! 당신은 우리의 모친인

땅에게서 찬미를 받으소서.

내 주여! 당신은 우리의 형제인

술에게서, 이 막걸리에게서

찬미를 받으소서.

내 주여! 당신은 우리의 자매

이 놋그릇 잔에서 찬미를 받으소서.

내 주 천주여!

당신은 특별히 우리의 모주꾼 형제에게서

가장 찬미를 받으소서.

이것은 물론 '태양의 노래'를 그 좌석에서 즉흥적으로 모작模
作하여 우리의 노래로 삼은 것이다.

그런가 하면 어떤 때는 갈멜의 큰 데레사 성녀의 말씀을 흉내
내어 천주님을 원망하기도 하였다.

"천주님! 당신의 친구 대접이 겨우 이 꼬라지란 말입니까? 그
래서 당신에겐 그렇듯 친구가 적단 말이에요." 하면서 밤이 새
도록 '네 꼬라지, 내 꼬라지' 타령만 늘어놓았다.

이것은 데레사 성녀의 일화에 나오는 얘기다. 성녀께서 언젠
가는 나귀 수레를 타고 순례를 떠나셨는데 시골길 개천을 건너
시다가 나귀의 한 발이 물 속 돌에 미끄러져 껑충 뛰는 바람에
당대 절색이요, 거룩한 동정녀는 공중잡이가 되어 도랑에 나동
그라졌다.

엉망진창이 되어 일어나면서 입에 담은 말씀이 만고의 걸작
"천주님, 당신 친구 대접이 겨우 이 꼬라지란 말입니까?"였던
것이다.

우리는 또 어떤 때, 저 영국의 시인, 아편쟁이로 빈민굴을 헤
매다 죽은 프란시스 톰슨의 '하늘의 사냥개'의 구절들을 외우며
자신들을 탄식하기도 하였다.

나는 그로부터 도망친다.

밤이나 낮이나 오랜 세월

그로부터 도망친다.

내 마음의 얽히고 설킨 미로迷路에서 그를 피하였다.

하염없이 눈물을 흘리며

웃음소리가 뒤쫓는 속에

나는 그로부터 숨는다.

그러나 서둘지 않고 침착한 걸음걸이로

신중하고도 위엄있게 뒤쫓는

저 발소리가 들려온다.

그리고 그 발소리보다도

더 절박한 음성이 들려온다.

나를 배반한 너는 모든 것에

배반당하리라.

천주님이 마치 달아나고 숨고 뿌리쳐도 쫓아오고 따라오는 사냥개 같다고 저주하듯 노래한 영국의 시인 프란시스 톰슨의 시를 우리도 스스로 너무나 체험하고 있기 때문이었다.

또 언젠가 모여서 제4회수도회가톨릭에서 재속수도생활을 제3회라 고 하는데 한 등 내려 4회라고 하였음 발회식을 가졌다. 물론 야인 선생이 원장이 되셨고 그의 축복으로 내가 첫 수련자가 되었다. 그리고 우리는 다른 회칙은 없으나 회원자격만은 규정했는데, 오직 '영혼의 가창歌唱환자'라야만 된다는 것이었다.

나는 위에서부터 편의상 '우리'라는 표현을 썼으나 이것은 내가 〈돈키호테〉의 산초 판자 모양, 선생의 '영혼 놀이' 상대가 되었다는 것뿐이지 천주님께 향한 갖가지 지향과 그 찬미방안은 오로지 나의 원장님, 야인 선생의 창도唱導에 의한 것이었다.

실상, 선생은 나의 영신 생활을 가장 이해해주시고 즐겁게 해주시는 지도자였다. 어쩌면 고해틀 앞에서도 밝히지 못하고 있는 얘기마저 선생께는 다 털어놓을 수가 있었고, 또 성사의 비의秘義 속에서도 맛보지 못하는 신앙의 기쁨을 선생과 함께 있을 때 마음껏 누리기도 하였다.

이제 선생과의 그런 추억들을 생각하면, 불과 엊그제 같이 내가 몸소 체험한 일인데도 천 년 전 신라시대 고승대덕高僧大德들의 일화나 설화를 회상하는 느낌이다. 이렇듯 선생은 각박한 현존에서도 초월된 삶을 사시다 가셨다.

이미 선생은 나의 신부 형과도 영복소에서 만나셨고, 그렇듯 읊조리던 천주님을 누리고 계실 것이다. 그래서 나는 북받쳐 오르는 슬픔이나 넋두리를 걷고 오직 산 이와 죽은 이의 통공을 믿고 바람으로써 당신의 수련자인 이 영혼을 끝까지 보살펴주실 것을 합장하는 바이다.

딸 구자명은 아버지 故 **구 상**을 이렇게 회고한다.
"작가가 자신이 구사하는 언어만큼의 '등가량의 진실'을 살지 않으면
그 말은 무의미한 말장난"이라는 말씀을 지키기 위해 참으로 노력하셨다.
늘 '한가롭게 물 위에 떠 있는 듯 보이나 물밑에서 쉬임없이 자맥질을 해야하는'
오리의 고달픔을 얘기하곤 하셨다. 그러나 주위 사람들에게 여유와 자애로움을
잃는 법이 없어, '외면보살'로서의 애로를 남들은 좀처럼 짐작하지 못하였다.

기숙사에서 만난 한국인 친구

평소에는 대문 밖까지 바래다주던 어머니와 언니도
이날은 나와주지 않았다. 교회를 전혀 모르는 그들은 안방에 앉은 채
달랠 길 없는 슬픔을 억누르고 있었다.

가메자끼 요시에 수녀

1947년 1월 21일, "진정으로 그 길이 행복할 수 있다는 확신
이 선다면 수도원에 가는 것을 막지 않겠다."고 하는 아버지의
최종적인 허락을 얻고 당시 근무하던 교회의 병원으로 돌아가
기 위해 혼자 현관에서 구두끈을 매만지고 있었다.

평소에는 대문 밖까지 바래다주던 어머니와 언니도 이날은
나와주지 않았다. 교회를 전혀 모르는 그들은 안방에 앉은 채
달랠 길 없는 슬픔을 억누르고 있었다.

히라쯔까역으로 향하는 버스 속에서 나는 멀어져 가는 정든
산과 언덕들, 온갖 추억을 담은 강줄기를 응시하면서 흘러내리

는 눈물을 주체할 수가 없었다. 이때 내 마음속에 계속 울려온 것이 이 성서 구절이다.

"눈물로 씨 뿌리던 이들 환호하며 거두리라."*시편 126, 5*

이 시편 노래를 전례 때에 들을 적마다 나는 50년이 지난 지금도 마음을 꿰뚫고 흐르는 뜨거움을 느낀다.

그때의 나는 저항할 수 없는 이상한 힘에 이끌리고 있었다. 이것이 바로 나의 소명召命, 틀림없는 하느님의 부르심이었음을 오늘날까지 변함없이 믿고 있다.

그러면서도 '교회는 고사하고 작은 공소 하나 없던 한적한 마을에서 하느님은 어떻게 나 같은 것을 ….' 하고 자주 불가사의한 생각에 사로잡히곤 한다.

내가 안과의사가 되려고 마음먹은 것은 내과 의사였던 아버지와 형부가 "여자는 왕진이 없는 안과가 적격이야. 늘 집을 지킬 수 있으니까." 해서였는데, 대학시절 세례를 받은 후에 생각이 달라졌다. 내과라면 환자의 임종을 지켜보면서 세례를 베풀 기회가 있을 것이라는 생각이 들었기 때문이다.

하루는 같은 반 친구가 나에게 학교기숙사보다 환경이 좋은 곳이 있는데 거기 갈 생각이 없느냐고 물었다. 다섯 대학에서 온 이십여 명의 신자와 비신자가 섞인, 대체로 명랑하고 풋풋한 지방학생들이 모여있는 그 수녀회 기숙사는 학교기숙사와는 다른 분위기였다. 수녀님들도 이해심이 깊고 상냥하여 철부지 같은 어리광도 언니처럼 받아주었다.

뒷날 이들 기숙생 중 다섯이 수녀가 되었는데 모두 살아있다. 그 중 우정을 훨씬 넘어 하느님의 섭리로 맺어진 영신적 자매가 있는데 바로 그 시절의 오직 한 명뿐이었던 한국인 기숙생이었다. 대개가 지방에서 왔고 각기 다른 학교에 적을 둔 기숙학생들이라 특히 저녁 식탁에 함께 앉으면 나는 정신이 얼떨떨해졌다. 사투리가 여기저기서 남발하여 웃음이 터져 나오고, 제각기 학교에서 보낸 하루 얘기를 참새 떼처럼 시간 가는 줄도 모르고 지저귀었다.

때로는 교리공부를 시작한다느니 언제쯤 영세할 것이라느니 등등 제각기 근황을 쏟아놓다 보면 기쁨과 한숨과 선망이 한데 섞여 나오기도 했다.

이럴 때면 나는 의기소침해지고 처참한 기분이 되었다. 그간 몇 차례 가톨릭 입교의 허락을 청했으나 완고하고 엄격한 아버지는 그때마다 한밤중에도 무릎을 꿇린 채 기나긴 설법을 하곤 했으니 생각만 해도 기가 꺾일 수밖에 없었다. 이런 나의 심적 고뇌를 깊이 이해하고 위로와 격려를 베풀던 친구가 바로 이 한국 학생이었다.

　마지막 학년을 앞둔 새봄, 고향 집에서 일주일 동안 쉬려고 떠나던 날 그 친구는 전철역까지 나를 바래다주면서 이런저런 얘기를 나누다가 불쑥 "이번에 집에 가면 아버지한테 영세 허락을 청해보면 어때?"하는 것이었다. 나는 아무런 대답도 못했고 그녀도 더는 말이 없었다.

　7일 휴가 동안 내내 그 말이 내 마음속에서 메아리쳤으나 떠나는 날까지 감히 입을 열지 못했다. '비록 거절당할지언정 청을 드려봐야 도리가 아닐까. 그 친구가 나를 위해 단식하면서 기도를 바치고 있다면 어떻게 하지?'

　이런 고민 끝에 마지막 순간 아버지에게 작별 인사를 드리면서 그야말로 죽을 힘을 다하여 "아버지, 제가 세례를 받고 싶은데 허락해주시면 정말 기쁘겠습니다." 하자 순간 아버지의 얼굴에 쓸쓸한 그림자가 스치더니 조용한 음성으로 "그래, 좋아. 너 원하는 대로 해라." 하고 말씀하셨다.

　"아버지, 감사합니다."

　겨우 한마디하고는 기쁨과 감격으로 솟구치는 눈물을 삼키며

대문 밖으로 뛰어나왔다. 하마터면 문턱에 걸려 넘어질 뻔하면서….

전철역에 그녀가 나와 있었다. 우리 둘은 아무 말 없이 한참을 걸었다. 수도원이 바라 보일 때 비로소 나는 아버지와의 대화를 옮기면서 가슴이 메었다. 내 생애에 이런 벅찬 기쁨이 몇 번이나 있었을까.

몇 달이 지난 후 친구는 그 7일간의 이야기를 내게 털어놓았다. "이번에 아버지한테 허락을 받아보라." 하고는 아차! 했단다. 별 깊은 생각 없이 한 말이었는데 곧 번민이 뒤따르더라는 것이다. '그 엄격한 아버지에게 애써 청했다가 거절당하면 순전히 내 탓이 아닌가.' 하고 말이다.

이래서 그날부터 그녀는 두 가지 지향을 두고 9일 기도를 시작했다는 것이다. 첫째는 아버지의 완강한 마음을 성심의 뜨거운 사랑불에 눅눅하게 녹여 딸의 청을 허락하도록 해주실 것, 둘째는 9일 동안의 간절한 기도를 7일 안으로 앞당겨서 아버지에게 감히 청을 드릴 용기를 주소서 하는 어린애 같은 흥정을 했다는 것이다.

그리하여 매일의 미사와 영성체, 묵주기도 5단, 성인 호칭기도, 또 통학 시에 앉지 않겠다는 약속도 했다고 한다.

그리고 이러한 자기의 기도가 하느님 앞에 마치 보름달처럼 하자 없이 둥그레야지 티끌만큼이라도 헤쳐지면 9일 기도의 보람이 없을 것이라는 걱정이 생겨서 성인호칭기도를 올릴 때에도 매번 성인 한 분 한 분의 소매를 잡아 흔들면서, 부녀를 위해 전달하여 주시옵소서 하는 식으로 일일이 다짐을 하며 바치곤 했다는 것이다.

수녀원에서 미사가 없을 때에는 먼 거리로 새벽 미사를 드리러 가야 하는데 새벽인지라 버스에 좌석이 많이 비어있는데도 앉지 않겠다는 자신의 서약이 스스로도 어리석게 여겨져 쑥스러웠다는 것이다.

내가 기숙사로 돌아오는 주일에도 아직 아버지에게 청할 용기가 없어 망설이고 있다면 어쩌나 하는 조바심에서 수녀원 미사 후에 다시 학교로 가서 영성체 때 신자들 마음에 모셔지는 성체의 주님께 일일이 "주님, 부탁합니다. 주님, 부탁합니다." 하며 입술이 마르도록 애절하게 부르짖었다고 한다.

이런 일심불란의 어린이 같은 순수한 기도를 하느님은 못 들은 체하지 않으셨다고 믿어진다.

그 여름 7월에 나는 크리스티나라는 세례명으로 그녀를 대모로 세우고 영세했고 11월에 견진성사를 받았다. 영세 후 이어진 마지막 여름방학에 이 친구는 나를 위해 성모방문수녀회 성 데레사요양원에서 봉사활동을 하기로 결단을 내렸다.

나를 어떻게 해서든지 굳건한 믿음으로 기초 닦기를 해주고 싶은 심정에서 귀향의 기쁨도 단념했으니 정말 고마운 일이었다. 아버지도 내가 방학 동안 친구와 함께 병원봉사실습을 한다는 말에 넘어가 쾌히 허락해주셨다.

요양원은 풍광이 아름답기로 이름난 '시찌리가 하마'라는 바다가 내려다보이는 언덕 위에 자리 잡고 있었는데 우리는 봉사자의 넓은 방을 얻어 기거하면서 주방일을 돕기도 하고 수녀들의 일과에도 참여하면서 즐거운 나날을 보냈다.

그러나 이 기간은 우리에게는 다시 얻기 어려운 하느님 안에 사는 특별 수련 기간이었다. 시도 때도 없이 "너 지금 무슨 생각을 하고 있지?" 하고 묻기로 약속하였다. 산책할 때도, 주방에서 바쁘게 일할 때도, 밤에 모기장 속에서도 불쑥 그녀는 나에게 그 질문을 던지곤 하는 것이다.

그런데 나는 "네가 떠나버리면 나는 신자의 본분도 못해낼 것 같다는 생각을 하고 있었어."라고 대답하곤 하여 그만 그녀를 어이없게 웃기곤 하였다.

시대가 시대인지라 그때 우리의 심정은 헤어지면 다시는 만

날 수 없으리라는 생각이 지배적이었다. 더구나 그 친구는 이미
수도 생활을 택한 신분이 아닌가.

드디어 이별의 때가 왔다. 그때는 전쟁이 한창이어서 폭격이
잦아 부산을 경유하는 선로는 통제되어 불가불 '니이가따'로 해
서 갈 수밖에 없었다. 나는 그때 병원 인턴으로 있었으나 도저
히 도쿄에서 그대로 헤어질 수가 없어 학교에 결석계를 내고
'니이가따'까지 동행했다.

저녁차로 다음 새벽에 닿으니 청진행 배는 3일 후에나 있단
다. 친구는 성당을 찾아 신부님을 만나러 가자고 한다. 무슨 사
정이라도 있느냐고 했더니 여관에 3일이나 묵어야 하니 돈을
좀 빌려야겠단다. 아는 신부님이라도 계신가 물었으나 그럴 리
가 없고 그저 신부님이면 된다고 한다.

물어물어 신부님을 찾아갔다. 첫인사로 시작하여 아무런 격

의도 의심도 없이 친숙한 사이처럼 일이 진행되었다. 그 얌전한 친구의 넉살 좋은 일면을 보며 나는 놀랐다. 믿음이란 이렇게 사람을 바꾸어 놓는가? 이것이 가톨릭의 세계인가? 내가 그때 까지 살아온 세계와는 너무나 딴판인 세상에 감격하였다.

신언회神言會회원이던 그 외국인 신부님은 가는 끈이 달린 앞 치마를 목에 걸고 목공 일을 하고 계셨는데 성화에서 보곤 하던 성 요셉을 그대로 연상시켰다. 친구가 원하는 금액을 흔쾌히 내 어주시던 그 모습은 오래오래 내 마음을 감동시킨 아름다운 기 억이다.

4일째 되는 아침이면 이 친구는 드디어 떠나가 버리는 것이 다. 나는 그 전날부터 숫제 말도 못하고 찔끔거리며 울먹이기만 하였다.

점심을 먹고 그녀는 말했다.

"내일 아침 내가 배를 타고 떠난 후에 네가 기차로 온종일 혼 자 눈물지으며 도쿄까지 가야 한다는 것은 차마 견딜 수가 없으 니 내가 너를 먼저 밤차로 떠나보내고 배를 타는 것이 한결 마 음이 가볍겠다. 밤에 기차를 타면 낮과 달라 좀 눈물 흘리다, 잠자다, 졸다 하노라면 밤이 새어 도쿄역에 도착하게 될 테니 까…."

그러면서 여관주인한테 도시락 하나 잘 준비해달라고 부탁을 하는 것이었다. 나는 할 말을 잃었다.

그녀는 오랫동안 목에 걸고 아끼던 아주 섬세하게 조각된 예수의 십자고상을 내게 매어주었는데 이것은 친구의 가장 귀한 선물로 내 마음을 사로잡았다.

그런데 몇 달이 지나 이 십자고상을 잃어버려 찾고 또 찾다 엉엉 울면서 헤매었다. 다시 한번 이별하는 아픔을 겪으며 그 친구에게 편지를 보냈을 때 이런 회신이 왔다.

"십자가를 주님보다 더 애착하면 안되기에 네게서 그것을 거두신 분은 네 순수한 사랑을 갈망하시는 주님이심을 항상 기억하라."

오래지 않아 그녀는 수녀원에 입회한다는 편지를 마지막으로 속세에서 몸을 숨겼다. 1944년이었다. 일본의 패전, 한국의 해방, 그 후 소련군 38선 이북 주둔, 한국전쟁 발발 등 계속되는 전화戰禍와 비참한 재난 속에서 근 10년 동안 우리는 서로의 생사를 몰랐다.

어느 날 가톨릭구제회 계통에서 발행하는 〈Sign〉이라는 잡지 표지를 우연히 보게 되었다. 한 수녀가 흰 앞치마를 입고 줄 서 기다리는 피난민들에게 앳된 얼굴로 옷 보따리를 나누어주는 사진이었다. 자세히 보니 꿈에도 잊지 못하던 친구의 얼굴이 아니는가.

'아, 수녀가 되었구나, 죽지 않고 살아있구나!'

형언할 수 없는 기쁨에 눈물이 솟구쳤다.

시국이 어느 정도 안정이 되어 외국과의 서신 왕래가 이루어진 어느 날, 옛 수녀원 기숙사에서 편지가 한 장 날아왔다. 친구가 그간의 자기 소식을 수녀원장에게 상세히 써 보내면서 10년 전에 기숙사에서 같이 공부하던 가메자끼라는 학생이 살아있으면 전해달라고 동봉한 편지가 마침내 내 손에 들어온 것이다.

생사를 모른 채 이대로 생을 마치게 되면 천국에 가서 친구를 만나 그간의 이야기를 다 털어놓으면 되겠지만 내가 수녀가 되었다는 사실만큼은 꼭 알려주고 싶었던지라 나는 곧 회답을 쓰고 수녀복의 작은 사진을 한 장 동봉하였다.

영세도 남달리 어렵게 한 내가 수녀가 되었다는 것은 친구에게는 적이 놀랄 만한 사실이었고 또 그만큼 기쁜 소식임에 틀림없었다.

헤어진 지 23년이 지난 후 우리는 일본에서 수녀복 입은 모습으로 다시 상면하였다. 그리고 근 15년이 지나 이번에는 내가 서울에 들를 일이 있어 친구의 수녀원에서 수일간 머물러 쉬며 함께 지냈다.

친구 수녀는 1997년에, 나는 2000년에 서원 50년을 맞았다.

올해 83세이지만 넘치는 강론 요청으로 요즘도 일본 곳곳을 다니는
가메자끼 요시에 수녀는 의사요 수녀로서 열심히 선교했던 동티모르를 잊지 못하다가
2004년에 다시 찾았을 때 새삼 눈물이 났다.
동티모르에 대한 애착이 많아 그때의 경험을 책으로도 펴냈다.

위풍당당 나의 어머니

세관원이 "할머니, 혹시 가방 속에 밍크코트 같은 거 있습니까?"
그러잖아도 짐을 쑤시고 들추는 것에 화가 나 있던 어머니는 당당하게 쏴붙이셨다.
"니는 제주도에도 안 와봐시냐? 제주도가 얼마나 따땃헌디 그런 거 입느냐?
니가 다 풀엄씨니 이 가방은 니가 다시 싸라!"

양영수 신부

어머니가 결혼하신 것이 18세, 지금으로부터 57년 전이다. 제주는 크게 동쪽과 서쪽으로 나뉜다. 함덕해수욕장과 일출봉이 있는 곳이 동쪽, 이시돌과 협재해수욕장, 쌍용굴이 있는 곳이 서쪽이다.

동쪽 사람들은 억세고 야무지다고들 한다. 아마 땅이 척박하기 때문일 것이다. 반면에 서쪽 사람들은 순하다고들 한다. 동쪽인 북촌에서 서쪽 끝인 신창으로 시집온 어머니 역시 야무지고 억세다는 평을 들었다.

언젠가 보리를 멍석에 널어 말리다가 잠시 자리를 떴는데 돌아와 보니 보리가 다 흩어져 땅바닥에 널려있었다. 낮술에 취한 동네청년 셋이 지나가면서 그렇게 했다는 말을 들은 어머니는 몽둥이를 들고 그 청년들 집으로 쳐들어가 자고 있는 그들을 그대로 후려갈겼다고 한다. 그 후 그 청년들이 어머니만 보면 부동자세로 인사를 하더라는 이야기는 동네에서 유명하다.

어머니의 당당함은 외국에서도 누그러지지 않았다. 몇 년 전 미국에 있는 여동생이 아기를 낳아 모시고 갔다. 간 김에 구경도 하시라며 여동생 식구들과 함께 나이아가라폭포에 갔다.

구경하다 힘이 드셨는지 의자에 앉아 쉬면서 옆에 앉은 미국 할머니에게 "메께라! 저 폭포 마삽게 쏟아졈신게 맙시. 오메! 저 폭포 무섭게 쏟아지네요." 하신다.

미국 할머니도 알아들은 듯 대답했다.

"#$%@%^^&#^#%."

"나 생전 처음 봐암수다. 우리 캐에도 이추룩 큰 거 이신디. 나 생전 처음 봅니다. 우리도 이렇게 큰 것 있는데."

"@#$%^#$&$*?"

"맞쑤다, 맞쑤다."

어머니는 이렇게 어디서든 당당하시다.

귀국할 때 이것저것 친척들에게 줄 선물이 든 가방이 큰 거로

두 개나 됐다. 가방이 크니 세관에서 검사를 했는데 세관원이 가방 하나를 열어 짐을 다 풀어보더니 별 특별한 게 없겠다 싶었는지 다른 가방은 끌러보지도 않고 어머니에게 물었다.

"할머니, 혹시 가방 속에 밍크코트 같은 거 있습니까?"

그러잖아도 짐을 들쑤시는 것에 화가 나 있던 어머니는 당당하게 쏴붙이셨다.

"니는 제주도에도 안와봐시냐? 제주도가 얼마나 따땃헌디 그런 거 입느냐? 니가 다 풀엄씨니 이 가방은 니가 다시 싸라!"

나는 그저 어머니를 쳐다볼 수밖에 없었다.

그렇게 당당하던 어머니도 지금은 많이 늙으셨다. 아버지가 돌아가신 후 남겨진 6남매를 키우느라 많이 힘들어하셨다. 조건 없이 기쁘게, 당신 몸을 돌보지 않고 가족들에게 쏟은 그 사랑을 어려서는 잘 몰랐다.

어떤 해에는 3형제가 대학에 다니는 바람에 등록금을 마련하느라 조금이라도 농사를 더 지으려고 애쓰시던 어머니…. 우리들은 어려서부터 공부하라는 말은 한 번도 듣지 못했다.

"공부는 네가 알아서 하는 거다. 중학교에도 합격하면 보내줄 것이고, 고등학교, 대학교도 합격만 하면 가정형편이 어려워도 공부는 하게 해주마, 알아서 해라." 그 말뿐이었다.

그러나 신앙에 대해서는 철저하던 어머니였다. 어릴 때부터 저녁기도를 하지 않고 자면 깨워서라도 기도를 시켰고, 아침기도를 하지 않으면 아침밥을 안 줄 정도로 엄격하셨다.

단식과 금육재를 철저히 지키셨는데 옛날에는 왜 그리 금요일에 잔치나 제사가 많았는지. 먹을 것 없던 시절, 이웃에서 가져온 잔치 음식이나 제사음식을 몰래 먹었다가 어머니 손에 이끌려 억지로 고해성사를 보던 기억이 난다.

손수레를 끌고 가다가도 성당을 지나치게 되면, 바쁠 때는 그냥 길거리에 한쪽 무릎을 꿇고 성호를 그었고, 시간이 있을 때는 성당에 들어가서 성체조배를 하고는 밭에 나가시던 어머니. 단식과 금육재를 철저히 지키셨던 어머니. 어머니는 말이 아니라 몸으로 신앙생활을 보여주셨다.

나는 어머니가 한순간도 나와 떨어져 사신 적이 없고, 내가 한 번도 어머니 사랑의 사정거리를 벗어난 적이 없다는 것을 온 몸으로 느끼고 있다. '자식과 함께'한 어머니가 사랑이 되어 '나'를 대신 살고 있었던 것이다.

사랑은 너와 나를 단순히 외적으로 맺어주는 끈이 아니다. 사랑하는 사람은 자기가 누구인지 안다. 사랑이 '나'를 존재로 부른다. '자식에 대한 어머니의 사랑'이 내 삶의 장소였듯이 사랑이 하느님 이야기 장소가 아닐는지.

지금도 시골 본당에서 안나회 회장을 19년째 하시면서 "내 나이가 일흔다섯이지만, 안나회에서는 내가 제일 젊어서 나 아니면 할 사람이 없다." 하시는 어머니,

막무가내로 본당신부님을 모시고 나가 양복을 한 벌 맞춰드리고는 "돈은 그냥 써버리지만 옷을 해주면 보람도 있고 신부님이 그 옷을 입으시면 할머니들이 흐뭇해한다."며 좋아하시는 어머니, 새로 성전을 지을 때도 우리에게는 의논도 없이 큰아들 얼마, 신부 아들 얼마, 셋째아들 얼마, 큰딸 얼마, 작은딸 얼마…라고 쓰고는 그대로 밀어붙이는 어머니.

매사에 저 자신감은 어디서 나올까…. 그것은 아마도 든든한 백인 주님이 아닐까. 사제로 살아가기에는 부족한 나를 주님께서 가엾이 여겨 어머니로 하여금 지금까지 인도하게 하시는 건 아닐까. 어머니, 부디 건강하십시오. 사랑합니다.

성탄 미사에 예상외로 많은 신자들이 참석해 행복한 국수 잔치를 벌였던 **양영수** 신부는 헬스클럽에 등록하고 1년이 지나도록 한 번도 가지 못할 정도로 바쁘게 사목활동을 하고 있다. 오늘도 한라산을 바라보며 교우들과 신명 나게 지낼 일을 궁리 중이다.

맞선 보여주고 사제 되라고

신부님께 물었다. "전에 저보고 사제가 되고 싶냐고 말씀하신 적이
있으시죠?" "응? 내가 언제… 그랬었나?" 신부님은 의외라는 표정이었다.

나경환 신부

난생처음 "사제가 되고 싶어?"라고 물으신 분은 뉴욕 태생의
미국인 선교사 도요한 신부님이시다. 또한 도 신부님은 처음이
자 마지막으로 내게 맞선을 보게 하신 분이다.

상대방과 이미 약속이 되어있는 터라 만나지 않으면 안된다
는 협박(?) 속에, 봉고차에 실려 끌려가다시피 명동성당 아래
어느 카페로 갔다. 그렇게 도 신부님과 평소에 잘 알고 지내던
어느 자매와 맞선을 보게 되었다.

집에 돌아와 속상한 마음으로 "그런 일을 그렇게 일방적으로

정할 수가 있습니까?" 하고 신부님께 따졌다.

신부님은 그동안 그런 식으로 중매를 하셨다며 "중이 제 머리 못 깎는다잖아… 그럼 그 나이에 장가갈 맘이 없으면 사제가 되고 싶어?" 하셨다.

"예? 사제~요? 제 나이에 무슨 사제가?"

"내가 잘 아는 독일인 의사 친구는 마흔이 넘어서 신학교에 들어갔는데 지금 사제로 잘살고 있어. 나이는 상관이 없어. 사제가 되고 싶은 마음이 들면 언제든지 찾아와. 도와줄 수 있으니까."

만 6살에 세례를 받은 이후 사제가 되겠다는 생각은커녕 제단 위에서 복사를 서고 싶다는 생각도 눈곱만큼 해본 적이 없는 터였다. 내가 어릴 적 돌아가신 할머니의 소원이 다른 아이들처럼 복사를 서는 것이었지만 나는 끝까지 외면했었다.

그런데 무심코 발에 채여 날아간 돌멩이에 개구리가 맞아 졸도했다던가? 도 신부님께서 무심코 내게 던진 말씀이 시간이 갈수록 뇌리 속에 젖어 드는 것이었다.

당시 나는 미술대학을 졸업하고 화장품회사 디자이너로 일하고 있었는데 어느새 서른이 넘어 예수님께서 돌아가신 나이에 육박하고 있었다.

아버님은 내가 첫돌 지나고 화재로 돌아가시고 어머니와 위로 누님 한 분이 계실 뿐이었다. 누님이 먼저 결혼해야 한다고 생각해서 결혼은 급하지 않았지만 언제고 결혼해서 아들딸 낳고 홀어머니 모시고 살겠다는 생각은 하고 있었다.

결혼은 잠시 미뤄두고 대학원에 진학해 전공인 미술 공부를 더 할까 고민하던 그 무렵 도 신부님이 꾸며내신 맞선 사건이 일어난 것이다. '다 녹슨 머리로 신학교엘? 학과 공부는 어떻게 따라가고… 이 나이 먹어 그나마 다니던 직장도 그만두고 신학교에 갔다가 만일 못견뎌 쫓겨나면, 그땐 정말 무슨 창피며 궁상인가?' 싶었다.

더 나이 먹기 전에 빨리 뭔가 인생 항로를 결정할 중대 결단을 내려야겠다는 생각이 들었다. 그래서 나 자신의 앞날에 대해 심각하게 고민하기 시작했다. 겨우 주일미사만 참례하는 신자였는데 고민을 하면서부터 평일 미사에 자주 참례하게 되었다.

어느 날부터인지는 모르겠는데 미사 드리는 신부님이 그렇게 거룩하고 그토록 행복해 보일 수가 없었다. 신부님의 제의 자락만 스쳐도 그렇게 부럽게 느껴지는 것이었다.

'내가 만일 사제가 될 수 있다면?'

생각만 해도 가슴이 쿵쾅쿵쾅 고동쳤다.

용기를 내서 도 신부님을 찾아갔다. 갑자기 어떻게 찾아왔느냐는 표정으로 나를 쳐다보시는 신부님께 물었다.

"전에 저보고 사제가 되고 싶냐고 말씀하신 적이 있으시죠?"

"응? 내가 언제… 그랬었나?"

신부님은 의외라는 표정이었다.

"그런데, 사제가 되고 싶은 마음은 있는 거야?"

"저는 그때 신부님 말씀을 듣고 심각하게 생각해왔습니다. 저… 신학교에 갈 수 있다면 가고 싶어요."

"그럼 신학교에 가고 싶은 생각이 언제부터 들었지?"

"지난번 신부님께서 말씀하시고 난 후부터였죠."

가만히 듣고 계시던 신부님은 그렇게 즉흥적인 생각만 가지고는 안되니 앞으로 6개월 동안 다시 깊이 생각해 본 후에 몇 날 몇 시에 다시 만나자고 제의하셨다. 일시적인 열망만으로 평생 사제로 살 수 없다는 것이었다.

그때부터 깊은 방황이 시작되었다. 이제까지 살면서 해오던 고민보다 몇 곱절 더 크고 많은 고민이 밀려왔다. 그동안 남들에게 뒤질세라 세상일에 매료당하여 정신없이 살아오지 않았던가?

그런데 웬일인지 앞일을 생각하면 할수록 사제가 아니면 세

'착한목자'
2003년 평화화랑 개인전에서

상 모든 일이 다 뜬구름처럼 보이는 것이었다. 내 자신이 생각
해도 도무지 이해할 수 없는 놀라운 변화였다. 돌아가신 할머니
가 그토록 원하셨던 복사도 하기 싫어하던 나였는데….

어찌 이것이 내 뜻만이라고 할 수 있겠는가? 늦게나마 도 신
부님을 통해 주님께서는 나를 사제로 불러주셨으니 감사할 뿐
이다.

사제로 살면서 때론 헛디디고 깨지고 괴로워할지언정 그분의 가실 줄 모르는 사랑으로 그분은 나의 모든 것이 되시고 나는 그분의 모든 것이 되는, 영원히 그분의 뒤를 따르는 사제로 살아갈 것이다.

수원가톨릭미술가회 지도신부로서 문화선교에 열심인 **나경환** 신부는 미술가들의 성미술 활동을 돕는 한편으로 선조들의 제의와 성물을 수집하고 있다. 홈페이지(www.sucami.com)도 활발하게 운영하고 있다.

밤 열차 침대칸에서

이 세상에 태어나 내 팔이나 등이 한 일은 많으리라.
그러나 어린 자식을 잠재우며 사도신경을 외우는 일보다
더 거룩한 일을 내 몸이 한 기억이 없었다.

한수산 소설가

결혼식을 앞두고였다. 아내는 자신이 세례받은 춘천의 소양로성당에서 결혼식을 올렸으면 했다. 그때까지 나는 성당 안에 들어가 본 적도 없었는데, 무슨 생각에서였는지 쉽게 그렇게 하자고 했다.

아마 내가 순순히 성당에서 혼배성사를 하기로 한 데에는 아내와의 연애 시절에 가졌던 미안함이 깔려있었기 때문인지 모른다. 우리가 처음 만난 것이 12월 18일이었는데 일주일 후의 성탄 미사에 그녀는 나 때문에 나가지 못했다.

아내가 성세성사聖洗聖事를 받은 증서를 내가 아직도 가지고 있는데, 아내는 17살 되던 해 크리스마스 이브에 '다리아'라는 본명으로 소양로성당에서 강디오니시오 신부님으로부터 세례를 받은 것으로 되어있다.

결혼을 앞두고 찾아간 성당에서 신부님은 내게 신자가 될 것인가를 물었다. 그때 나는 마치 혁명을 하러 떠나는 사나이처럼 엄숙하게 참한 신자가 될 것을 약속드렸다.

그러나 나는 그 후 신부님과의 이 약속을 까맣게 잊고 살았다. 그러다가 이따금 마음의 빚은 남아있어서였는지 '아, 성당에 나가야 하는데….' 하고 중얼거리곤 했다.

결혼식 이후로 아내도 길고 긴 '냉담의 길'로 들어섰다.

그런 세월 끝에 예비자교리를 시작한 것이 1981년, 제주 중앙성당에서였다. 두 달 남짓인가 교리 공부를 했던 것 같다. 서귀포의 한 목장에서 글을 쓰고 있던 어느 날, 소위 '한수산 필화사건'으로 서울의 보안사령부로 압송되었다.

전기고문을 받아 가짓빛으로 타들어 간 몸으로 가족에게 돌아왔을 때 사랑, 헌신, 자유, 희생… 그런 추상명사들은 나에게서 사라지고 없었다.

한 예비신자는 고문 과정에서 '적나라한 인류의 삶에 교회는

진정으로 있었는가.'에서부터 '이 인간의 불의에 언제까지 하느
님은 침묵하실 것입니까.' 하는 물음과 맞서야 했다.

더 교회를 나간다거나 교리 공부를 할 수 있도록 하느님은 나
를 부축하지 않으셨다. 힘든 시간들이 흘러갔고 깊은 밤 이따금
고통에 겨워 성당을 찾아갔지만 밤이면 문은 굳게 닫혀있었다.

"나 자신이, 정신이랄까 영혼이랄까 하는 그 무엇이 그렇게
때 묻고 너덜너덜 찢어져 있는 것만 같은 나날이 이어집니다.
옷을 빨아 입거나 해진 곳을 기워 입듯이, 그렇게 제 자신을 빨
아 널고 싶습니다. 이곳만이 저의 이런 마음을 거두어주실 것
같아서…."

몇 년이 지나고 나서야 그런 말을 하며 압구정성당을 찾아갔
다. 어둑어둑한 성당 안에서 나는 최석호 신부님을 만났고 예비
자로 교리 공부를 다시 시작했다. 출석표에 도장을 받아 가면서
참 열심이었다.

그 무렵 둘째 아이가 태어나 아직 어릴 때였다. 아이를 업거
나 안고 흔들어 잠을 재우면서 거실을 오가며 '외워야 할 것'들
을 외웠다. 그때 우리 집 거실 바닥은 커다란 무늬목을 깔아 놓
아 마치 바둑판 같았다. 나는 그 거실 바닥을 지그재그로 밟아

가면서 아이를 잠재우며 사도신경을 외웠고, 로사리오를 되풀이했다.

그때 내 팔이며 등을 생각했다. 이 세상에 태어나 내 팔이나 등이 한 일은 많으리라. 그러나 어린 자식을 잠재우며 사도신경을 외우는 일보다 더 거룩한 일을 내 몸이 한 기억이 없었다. 하느님께 감사했다. 이런 기쁨과 행복을 베풀어주시다니.

세례를 받아야 할 날이 하루하루 다가오고 있었다. 그때 스스로 납득할 수 없는 혼란이 찾아왔다. 세례를 받고, 본명을 얻고… 이제 하느님을 만난다. 이제까지의 나와 지금부터의 나는 달라야 한다.

그렇다면 지난날의 나를 부정하지 않으면 안된다. 이제까지 살아온 나는 그토록 부정되어야 할 무가치한 존재였던가. 내가 써온 글은, 내가 사랑해 온 사람들은, 내가 이룩해 온 가정은, 내가 꿈꿨던 일들은… 모두가 그토록 부정해야 할 무가치한 것들이었던가. 5주를 남겨놓고 다시 성당에 나가지 않았다. 혼란을 안고 세례를 받을 수 없지 않은가.

그리고 또 몇 년이 흘러 1989년 가을, 도쿄 나리타공항에서 중국행 비행기를 기다리고 있었다. 그때 나는 이 여행에 동행할

사람이 나까지 전부 아홉이라는 것뿐 한국에서 오시는 분들이
누구인지 알지 못했다.

베이징에서야 비로소 여행을 함께 할 분들 가운데, 지금은 고
인이 되신 이경재 신부님과 베네딕토수도원의 김지상 수녀님을
비롯한 두 분 수녀님이 계시다는 것을 알았다. 신태민 씨, 유보
영 씨 부부도 일행이었는데 다들 오랜 신앙생활을 해오신 신자
들이었다.

행복한 여행은 백두산으로 뻗어갔고, "한수산 씨를 세례 받게
해서 교우로 만듭시다." 하는 일행의 제안을 이경재 신부님이
"교리 공부를 한다면…."이라는 조건부로 허락하면서, 장춘에
서 연길로 가는 밤 열차 침대칸 위에서 '기이한 교리 공부'가 시
작되었다.

흔들리는 열차 침대에서 베네딕토수도원 원장수녀님한테 교
리를 배운 나는 참 복도 많은 가톨릭 3수생이었다. 중국을 여행
하는 국내선 비행기 안에서, 유적지로 가는 버스 안에서 그렇게
교리 공부는 이어졌다.

그리고 백두산 천지가 내려다보이는 산정에서 나는 얼음같이
차가운 백두산의 물이 내 이마를 태우는 듯한 감동을 안고 이경

재 신부님으로부터 세례를 받았다.

그날 9월 13일은 요한 크리소스토모 성인의 축일이었다. '황금의 입'이라는 의미를 가진, 뛰어난 설교로 수많은 전교 활동을 한 성인의 그 이름으로 신부님은 내 본명을 지어주셨다.

일행 가운데 한 분이 우스갯소리로 말씀하셨다. "영세한 지 얼마 안되는 사람은 '기도발'이 세대요. 뭐든 해달라고 하세요."

그래서였을까. 그 중국 여행이 끝나기까지 참 많은 기적 같은 일이 일어났다. 특히 잊혀지지 않는 것이, 상하이에서 김대건 신부가 사제서품을 받은 '금가항성당'을 찾아간 일이다.

우리는 '금가항성당'의 주소도 모르고 무작정 찾아가기로 했다. 먼저 택시를 타고 가까운 성당을 찾아가 '금가항성당'이 어디 있는지 중국인 신부님께 물었다. 놀랍게도 신부님은 그 성당 주소를 적어주는 것이었다.

그러나 이번에는 택시 기사가 그곳으로 가는 길을 잘 몰랐다. 미로찾기처럼 길을 물으며 좌회전, 우회전에 U턴을 해가며 헤매다닌 끝에….

결국 그것이 누군가의 손에 이끌리듯 금가항성당을 찾는 가장 빠른 지름길을 더듬어가고 있었다는 걸 알았을 때의 느낌이란, '아! 하느님께서 내 손을 잡고 계시는구나' 하는 감동이었다. 1시간 정도 지났을까, 시골길을 달리다가 또 길을 묻기 위해 차를 세웠는데, 마을의 중국인들이 무어라 떠들어대면서 손으로 한쪽을 가리키는 것이 아닌가.

바로 거기에 '금가항성당'이 있었다. 수리 중인 성당이 황혼을 등지고 서 있었다. 성당 앞으로 다가서는 내 눈에도, 수녀님들의 눈에도 이미 눈물이 가득했다.

다시 돌아온 도쿄에서의 신앙생활은 말 그대로 홀로 찾아가기였다. 중국에서 그렇게 영세를 했으니 도쿄에 아는 교우가 있을 리 없었다. 게다가 한국인들이 모여서 미사를 드린다는 것도 모르는 상태였다.

일본 성당을 나가야 하나 생각하며 집 가까이에 있던 죠지대학 성당을 찾아갔다가, '세례를 받는 데는 돈이 필요하지 않습니다'라고 쓴 예비자 안내서를 보고, 이토록 일본적일 수 있나 싶어서 얼마나 웃었던지.

가톨릭과의 만남이 나에게 준 것은 무엇인가. 무엇보다도 먼저 두 가지가 떠오른다.

"주님, 주님께서는 저를 기도할 수 있는 사람이 되게 해주셨습니다. 이보다 더한 평화가 어디 있겠습니까. 그리고 주님, 주님께서는 저에게, 우리 모두는 원죄를 가지고 태어났음을 깨닫게 하셨습니다. 원죄를 입고 태어나 사랑으로 원죄를 보속해야 하는 나날, 그 깊은 곳에서 깊은 곳까지가 제가 허락받은 이 땅 위의 나날임을 저는 이제 압니다."

백두산에서 내 세례식에 자리를 함께했던 분들은 이후로도 미미하기 짝이 없던 내 신앙생활을 보살펴 주시려 미국에서, 캐나다에서 잊지 않고 편지며 성물을 보내주셨다.

고 이경재 신부님은 모금 활동을 위해 도쿄에 들르실 때면 언제나 나를 불러주셨다. 때로는 좁은 호텔 방에서 나 하나를 앉혀 놓고 미사를 드려주시기도 했고, 수도원에 머무실 때는 그 수도원으로 우리 부부를 불러 미사를 드려주셨다. 라자로마을에 걸려있던 십자가를 일본까지 싸가지고 와 선물해주시기도 했다.

도쿄의 찻집에 함께 앉아있다가 그날이 아내의 생일이라는 말에 슬그머니 밖으로 나가시더니 장미꽃다발을 아내에게 건네시던 신부님.

신부님이 선종하시고, 삼우제를 마치고 미리내 성직자 묘소를 내려오던 길에는 축복처럼 아카시아 꽃잎이 희디희게 깔려 있었다.

지금도 나는 서재에 걸린 신부님이 주신 십자고상을 바라보
며 이 글을 쓴다.

세종대 국문과 교수로 학생들을 가르치면서
월간 〈생활성서〉에 성지순례기를 연재해온 **한수산**은
요즘 가톨릭 유입 200년사를 소설로 쓰기 위해 고심하고 있다.

나는 외로웠다

그렇게 몇 시간 울었다. 그리고 나는 그 울음을 이제
그치고 싶었다. 그러나 이상하다. 그 울음은 도저히 내 의지대로
그쳐지지 않았다. 무슨 마법에 걸린 사람처럼…

신달자 시인

1977년 늦은 봄, 늦은 오후에 나는 혜화동로터리 부근에 있었다. 아니 있었다고 하면 틀린 말이다.

방황하고 배회하고 있었다. 더 솔직하게 말하면 그대로 땅속으로 흔적 없이 사라지고 싶다는 생각도 들었고 그것이 불가능하다면 한 몇 년 어디론가 사라져 잠들었으면 하는 생각도 들었다. 아니 아무 생각도 들지 않았다고 해도 틀린 말이 아니다. 그 땐 그렇게 뒤죽박죽이었다.

막내아이가 세 살, 그 위로 일곱, 여덟 살인 아이들과 팔순 시어머니가 집에 있었고 나는 막연한 혼수 속에서 중환자실에 누

운 남편의 면회실에서 시간을 보내고 있었다. 하늘이 무너진다든가 하늘이 노오랗다든가 하는 말의 실제를 체험하는 시간이기도 했다. 아니 그런 것인가 아닌가도 인식할 줄 모르는 시간이기도 했다. 나는 그렇게 황망했다.

저녁이 오고 있었고 다리에 힘이 없어 나는 길거리에 쪼그리고 앉았다. 거리에는 사람들이 많았다. 그러나 내가 불러 이야기할 사람은 없었다. 아니 아는 사람이 설사 있더라도 피하고 싶은 그런 시간이었다. 특히 그 무렵 나는 나의 남루를 보이는 일에 신경이 곤두섰다. 아침 밥상에서 아무개가 이런 꼴이 됐다며 나의 불행이 남의 반찬용이 되는 일은 죽기보다 싫었다.

그래서 피하고 피하느라 나는 외로웠다. 외로움의 극치를 사람들은 알지 모를 일이다.

내게 종교 따위는 없었다. 대개 무지한 삶을 막무가내로 사는 사람들은 자신의 힘으로 인생을 산다고 한다. '나의 힘으로…' 나도 그런 생각으로 살고 있었고 심지어 종교를 얼굴에 그리고 다니는 사람들에게 혐오감을 지울 수 없었다.

나는 서서히 걸었다. 걷다 보니 내 앞에 혜화동성당이 있었다. 뭐랄까 무심결 그렇다. 무심결에 나는 발걸음을 거기로 옮겠다. 성당 문이 열려있었다. 생각난다. 성당은 비어있고 빈 의자 너머 벽에 예수님 십자고상이 걸려있었다. 흔히 보던 그림이었다. 십자가처럼 흔한 게 또 어디 있는가.

아아! 그러나 이상한 일이 일어났다. 다리가 피곤했을까. 의자에 앉았다. 의자에 앉으며 바로 눈이 마주친 십자고상….

그때였다. 온몸에 전율이 왔고 그리고 온몸에 눈물이 흘렀다. 눈물이 눈에서만 흐른다는 것은 상식적인 말이다. 때때로 뼈가 우는 경험에서는 상식을 뒤엎는다. 나도 처음 있는 일이었다. 발톱이 울었고 손톱이 울었으며 척추의 뼈도 소리내어 울었다.

그렇게 몇 시간 울었다. 그리고 나는 그 울음을 이제 그치고 싶었다. 그러나 이상하다. 그 울음은 도저히 내 의지대로 그쳐지지 않았다. 나는 무슨 마법에 걸린 사람처럼… 그래 울음의 마법에 걸린 여자처럼 울고 또 울었다. 일생에 울어야 할 눈물을 나는 그 순간에 흘렸다고 생각한다.

우는 데도 힘이 필요하다. 나는 너무 울었으므로 일어설 기운이 없을 것이라고 생각했다. 그런데 병원으로 가는 내 걸음은 힘이 있었다. 면회실에서 나를 찾고 있었다. 웅성거렸다. 드디어 죽었구나 하고 생각했다.

그런데 23일 만에 그가 혼수에서 깨어나 나를 찾는다는 소식이었다. '너무 지나치게 흥분하지 말아야 한다, 냉정해져야 한다'고 나는 생각했다. 그러나 적어도 내게 내 인생에 내 상처에 깊이 닿아오는 어떤 빛에 대한 감사는 억눌러서는 안된다고 생각했다.

가톨릭과의 인연은 그렇게 시작되었고 그 이후에도 많은 이야기가 나의 역사로 이어져 오고 있다.

최근 〈오래 말하는 사이〉라는 시집을 낸 **신달자**는
한결같이 좋은 글 계속 쓰고 마음이 평화로웠으면 하는 소망을 갖고 있다.

신부가 된 하우스보이

6·25전쟁은 남북, 성별, 연령을 가리지 않고 수많은 전쟁 난민을 만들었다.
마침내 나는 미군 부대 '하우스보이'란 신종직업을 갖게 됐다.
미군의 옷을 세탁하고 막사를 청소해 주는 잡역부가 된 것이다.

오남주 신부

나의 증조부는 평생 서당 훈장을 하셨다. 그러니 우리 집안은 대대로 유교적인 가치관 말고 다른 정신세계를 쉽게 받아들일 수 없는 분위기였다. 그런 내가 친구 따라 강남 간다고 채 열 살이 안되어 옆집 아이를 따라 동네 예배당에 처음으로 갔다.

작은 교회여서 어른과 아이들이 함께 모여 주일예배를 마치면 아이들에게는 사탕 한 개씩이라도 꼭 나누어주었다. 처음엔 사탕에 더 관심이 있었지만, 시간이 흐르면서 생전 처음으로 예수란 분을 만나 신앙의 싹을 트게 되었으니….

나는 어느새 다른 아이들로부터 예수쟁이라는 비아냥을 받을 정도가 됐다.

어느 날, 전과 다름없이 주일예배를 드리고 있었다. 열변을 토하는 목사님의 설교와 올라갔다가 내려오기를 계속 반복하는 찬송 소리가 모든 사람의 정신을 무아지경으로 빠지게 했다. 목사님의 말씀을 한마디도 알아들을 수 없었지만 그저 고조된 분위기 속에서 나 자신도 무언가에 빨려드는 듯한 기분이었다.

바로 그때 나도 모르게 마치 오체투지五體投地 하듯이 상체를 굽혀 얼굴을 예배당 바닥에 대는 동작을 하고 있었다.

그 순간 처음으로 하느님을 찾고 찬미하는 마음이 깊은 곳에서 솟구쳐 오르고 있었다. 바닥에 댄 나의 얼굴은 바로 앞사람 궁둥이에 맞닿아 있었고 그 사람 몸에서 풍기는 땀 냄새와 발 냄새가 진동을 하고 있었다. 게다가 염치도 없이 북북 뀌어대는 방귀의 악취를 참는 일은 여간 고역이 아니었다.

그런 와중에도 기도에 몰입해 목사님이 '우리 주 예수 그리스도의 이름으로 간절히 기도드리옵니다.' 하며 기도를 마쳤을 때 나도 모르게 '아멘'을 외치고 있었다.

이렇게 시작된 나의 신앙은 이것으로 완성되지 않았다. 하느님께서는 또 다른 계획을 마련해 두셨던 것이다.

6·25전쟁은 남북, 성별, 연령을 가리지 않고 수많은 전쟁 난민을 만들었고, 누구든지 생존을 위해 모든 방법을 찾아 나서야만 했다. 마침내 나는 미군 부대 '하우스보이'란 신종직업을 갖게 됐다. 미군의 옷을 세탁하고 막사를 청소해주는 잡역부가 된 것이다.

어느 날 부대 영내를 걷다가 이상한 종교의식이 거행되는 현장을 목격했다. 그 의식을 주관하는 사람은 소매도 없이 등과 가슴만 가려진 색깔도 희한한 옷을 입었고, 가끔은 한쪽 다리만 굽혀 앉는 시늉을 하다 일어서곤 했다. 지프차의 보닛 위에 제사상 같은 것을 차리고 촛불까지 켜 놓았다.

특히 내 눈길을 끈 것은 제사상을 차려 놓은 지프차 몸체에 달려 바람에 펄럭이는 깃발이었다. 감색 바탕에 흰색 십자가가 그려져 있었다. 그렇다면 이 종교도 예수님과 관계가 있단 말인가? 지금까지 내가 믿던 예수님과는 어떻게 다른가?

나중에 알았지만 군종신부님이 장병 신자들과 함께 미사를 드리는 광경이었다. 제사상이라고 생각한 것은 미사제대였던 것이다. 나이도 어렸고 세상과 문물에 대해서 아무런 식견도, 소양도 없던 나였으니 가톨릭이란 종교가 있는지조차 몰랐던 것은 당연한 일이었다.

약 한 달이 지나고, 나는 장교식당에서 점심식사를 하고 나오시던 신부님과 마주쳤다. 한참 나를 물끄러미 바라보던 신부님은 가까이 오더니 가벼운 말을 건네면서 나중에 당신 숙소로 한번 찾아오라고 하셨다.

며칠 후, 용기를 내 신부님의 야전 천막 숙소를 찾아갔다. 이름은 기억나지 않지만 계급은 대위였고 성姓의 끝발음이 무슨 '스키'로 끝나는 것으로 보아 폴란드계 미국인이 아닌가 생각된다. 그분은 수도자의 풍모가 짙은 사제였다.

신부님은 이국의 전쟁터에서 만난 불행한 처지의 어린 소년에게 연민의 정을 보이셨고 날이 갈수록 서로 가까워졌다. 다 알아듣지는 못했지만 신부님은 단순히 지식을 알려 주는 차원을 넘어서 내 마음에 가톨릭 신앙을 심어주었고, 지류로 흘러가던 내 신앙의 축을 본류로 돌려놓으셨다.

한 인간의 인생 유전에 개입하시는 하느님의 섭리는 알다가도 모를 일이다. 그로부터 25년 후 나는 생각조차 못한 신부가 되어 군종신부로 첫 사목활동을 시작했다.

내가 활동해야 할 부대를 찾아갔더니 그 지역은 그 옛날 모진

목숨 때문에 미군 부대 하우스보이 노릇을 하던, 총알이 비 오
듯 쏟아지던 전쟁터였다.

찰나의 중단도 없이 한번 흘러가면 되돌아올 수 없는 시간.
그러나 이는 세상의 모든 한계성 앞에 좌절하는 절망의 시간만이 아니라
구원과 기쁨을 가져오는 소망의 시간이라고 믿고있는 **오남주** 신부는
요즘 시간의 소중함에 대해 깊이 묵상하며 다가오는 날들을 설계하고 있다.

내 성직의 뿌리

할머니는 자식을 아홉이나 낳아 혼신의 힘을 다해
그들에게 천주교 신앙을 불어넣으셨다. 당시 공소도 없는 시골
마을에 공소를 짓는다고 하자 하루 세끼 밥을 지을 때마다
쌀을 한 공기씩 따로 모으셔서 건축헌금을 내셨다.

강우일 주교

할머니는 내가 한 살 때 세상을 떠나셔서 나는 얼굴도 모른
다. 그러나 내가 성직자의 길을 걷게 된 것은 할머니 영향이 절
대적이라 해도 과언이 아니다.

할머니가 합천으로 시집오시던 때만 해도 시집 식구들은 천
주교 신앙을 갖고 있지 않았다. 할아버지는 할머니가 성당에 나
가는 것을 반대하지는 않으셨지만 당신은 나가지 않으셨다.

할머니는 그런 가운데 자식을 아홉이나 낳아 혼신의 힘을 다
해 그들에게 천주교 신앙을 불어넣으셨다. 당시 공소도 없는 시

골 마을에 공소를 짓는다고 하자 하루 세끼 밥을 지을 때마다 쌀을 한 공기씩 따로 모아 건축헌금을 내셨다.

건강이 나빠 말년에는 성당에 나갈 기력도 없으셨지만 주일만 되면 자녀들 모두 줄을 세워 성당으로 가는 것을 확인하고서야 안심하고 자리에 다시 누우셨다. 그래도 성당에 가지 않은 자식들이 있으면 불러서 종아리를 걷게 하시고 힘도 없는 팔에 회초리를 들고 때리는 시늉만 하셨다고 한다.

형제 중 둘째인 아버지는 지독한 개구쟁이로 장난치느라 정신이 없어 성당을 빠지기가 일쑤였다. 그래서 맡아놓고 종아리를 맞아야 했다. 할머니는 무슨 마음이셨는지 초등학교 5학년인 장난꾸러기 아들을 멀리 서울 계성초등학교로 유학을 보내 기숙사에 넣으셨다고 한다.

그때 기숙사 사감 신부가 나중에 한국교회의 첫 한국인 주교가 되신 노기남 신부님이다. 우리 아버지는 서울유학 와서도 어지간히 장난을 치다가 사감신부님께 언어맞은 적이 한두 번이 아니었다고 한다. 그러나 이 장난꾸러기가 언제부터인지 튼실한 천주교 신자로 서서히 탈바꿈했다.

내가 기억하는 어린 시절의 대부분은 고난의 시기였다. 6·25

사변을 겪으며 여기저기 이사를 다니는 피난 생활을 했다. 그래서 초등학교를 무려 네 군데나 옮겨 다녔다. 아버지는 이사 가는 곳마다 멀든 가깝든 반드시 성당을 찾아내, 우리 식구가 미사에 빠지는 일은 거의 없었다.

초등학교 시절 가끔 우리 집에서는 아버지가 주관하는 교리 테스트가 전개됐는데 십계명이나 기도문 12단을 제대로 외우지 못하면 혼쭐이 났다. 그리고 일 년에 몇 차례 중요한 첨례라시며, 밤늦게나 이른 새벽에 어린 나를 끌고 성당에 가셨다. 무슨 의미인지 전혀 알 수 없었던 나는 졸음을 이기지 못하여 비몽사몽간에 헤매던 기억뿐이지만….

그러나 이렇게 가족을 총동원하시던 아버지도 신앙에 부침이 심했던 것 같다. 사업이 바빠지면 공장이나 회사에 쫓아다니느라 아무래도 신앙생활에 소홀할 수밖에 없었다. 지금 돌이켜보면 하느님께서는 우리 가족이 세속적인 성공으로 교만해지고 나태해지는 것을 그냥 버려두지 않으셨다.

아버지 사업이 얼마간 성공적으로 상승세를 타면 그다음은 곤두박질치며 하강세로 돌아서는 일이 반드시 뒤따랐다. 오르막과 내리막이 반복되었다.

사업이 위기에 봉착할 때마다 아버지는 하느님께 열심히 매달렸고, 하느님은 우리 가족을 아슬아슬하게 구출하셨다. 이런 과정을 몇 차례 겪으면서 아버지의 신앙은 차츰 성숙하고 견고해졌다.

그러는 과정에 아버지에게 습관이 한 가지 생겼다. 언제 어디서건 묵주를 손에서 놓지 않는다. 제대로 기도하기보다는 그냥 습관적으로 묵주를 손에 쥐고 기계적으로 묵주 알을 넘기는 것 같다. 길을 걷거나 심지어 운전할 때에도 한 손에 묵주를 들고 계신다.

아버지는 사우나에서 땀을 흘리는 것을 즐기신다. 다른 사람이 두세 번 드나드는 동안 한 번도 안 나오시고 묵주 알을 굴리며 버티신다. 언젠가 아버지가 사우나에서 잘 아는 신부님을 만나셨다. 아버지는 반가워서 "아이구, 신부님!"하고 인사를 하자 그 신부님은 벗은 몸에 아는 교우를 만난 것도 쑥스러운 일인데 손에 묵주 알을 열심히 굴리고 있는 것을 보고 더욱 당황했다고 하신다.

팔순을 넘긴 연세에도 아버지는 지금도 자나 깨나 묵주를 손에서 놓는 일이 없으시다. 노인네가 운전을 하는 것도 위태로워 보이는데 거기에다 묵주 알까지 굴리시니 다른 이들이 여간 불안해하는 것이 아니다.

요즈음은 심장과 다리가 약해져서 더 이상 달리기는 못하고 천천히 산책하는 것으로 운동을 하신다. 그러다 보니 하루종일 기도하는 게 일이다. 당신은 기도해주어야 할 사람이 워낙 많아서 시간이 부족할 지경이라고 하시지만.

아버지는 가끔 당신 어릴 적 이야기를 꺼내신다. 당신 모친이 형제들에게 어떻게 신앙을 심어주셨는지를 회고하며 감회에 젖으신다. 그런 이야기를 듣다 보면 할머니의 신앙이 아버지의 신앙을 자라게 했고 또 아버지의 신앙이 자식인 나에게 전해졌구나 하는 감회에 빠진다.

하루가 기도로 시작되고 기도로 이어지고 기도로 매듭지어지는 생활, 하느님 가까이에서 호흡하는 생활이 내 몸속에 자연스럽게 자리 잡는 날이 오기를 기원할 뿐이다.

다른 교구에 비해 공동체적 유대가 강한 제주교구를 맡고 있는 **강우일** 주교는 소공동체 활성화에 깊은 관심을 갖고 있다.
시간이 허락하는 한 자주 사제들과 어울려 복음나누기, 테니스, 등산 등을 함께 한다.

생명수로 씻긴 작은 물고기

아버지는 늦봄에 내 손을 잡고 시내의 온 학교를 두루 찾아
딸의 편입을 간청하였으나 거절만 당하셨다. 이제 남은 학교라곤
천주교와 개신교계의 두 학교뿐이었다.

박숙안 수녀

언젠가 종교인 비종교인을 포함한 140여 명의, 이른바 유명
인들의 마지막 말을 수록한 책을 읽은 적이 있다. 그 생애가 길
든 짧든, 한 생의 맺음말은 나름대로 평생 품고 살던 가치관의
색깔을 보여주고 있었다.

이 책을 엮은이는 '마지막 말' 중에서 바오로 6세 교황님_{재위}
1963~1978의 "감사합니다, 감사합니다….".라는 말씀이 가장 마
음에 든다고 하였다.

이유는 당신의 한 생을 하느님께서 하사하신 축복의 선물로
여기며 살았기에 평생 하느님과 사람들에게서 받은 온갖 은혜

에 대해 깊이 감사드리는 모습이 엿보이기 때문이라는 것이다.

사람마다 생각이나 느낌이 다르겠지만 나 역시 지난날을 뒤돌아보면 이와 흡사한 감회 속에 마음의 평온을 찾을 수 있다. 보잘것없는 한 작은 숨결이 하느님의 영원한 계획안에 존재를 부여받아 오늘에 이르기까지 많은 은혜를 누려온 지난날들을 헤아려 볼 때면 "감사합니다!"라는 표현 밖에는 적당한 말을 찾을 수가 없다.

나는 우리 가문에서 첫 번째로 은총의 생명수로 씻긴 작은 물고기였다.

독립운동으로 숨어 도망 다니고 갇히기가 일상사인 아버지로 인해 어머니는 날마다 나를 등에 매달고 감옥엘 다녔다. 끝내는 아버지 뒤를 따라 중국 땅을 전전하며 이루 말할 수 없는 간난신고艱難辛苦를 겪었다.

6년여의 유랑생활을 뒤돌아보면 창조주 하느님의 개입이라고는 전혀 찾아볼 길 없는, 온전히 부모의 운명에 맡겨진 듯한 어린 시절이었다.

이러한 한낱 벌판의 자연아自然兒를 점차로 고유한 정체성을 지닌 한 존재로 수도복을 입기까지 이끌어주신 하느님의 은밀하고도 절묘한 섭리에 침묵의 찬미를 드릴 뿐, 영원하신 지혜

앞에서 그저 머리 숙일 따름이다.

　열 살에 환국한 나는 학교와 가까운 시골 외할머니댁에서 초
등 2학년을 마친 후, 생계를 위해 평양에 나와 계시던 부모님
슬하로 왔다.

　아버지는 늦봄에 내 손을 잡고 시내의 온 학교를 두루 찾아
딸의 편입을 간청하였으나 거절만 당하셨다. 이미 신학기가 시
작된 뒤라서 어쩔 수 없다는 것이었다. 이제 남은 학교라곤 천
주교와 개신교계의 두 학교뿐이었다. 양자택일을 해야 하는 아
버지는 개신교 쪽으로 발길을 옮겼으나 거기서도 헛되이 돌아
설 수밖에 없어 하나 남은 평양 성모보통학교로 향하게 되었다.

　교회 마당에 들어서니 성당을 중심으로 교실 건물이 하나 둘
씩 산립散立해 있었고, 교실 끄트머리에 검은 기와로 나지막한
교무실이 붙어있어 눈에 쉽게 띄었다.

　세 분 여선생님이 낯선 부녀를 따뜻이 맞아주었고 아버지의
신상 이야기에 대해 깊은 관심을 갖고 들으신 후 기꺼이 4학년
편입을 허용해주셨다. 아버지는 선생님들의 자상하고 공손한
마음을 통하여 생각지도 않은 하느님을 맞닥뜨린 느낌을 받았
다고 하셨다.

나는 이 배움집에서 3년간 공부하면서 조금씩 하느님께로 다가갔다. 날마다 첫 시간이 교리 공부 시간이어서 1년 후에는 저절로 세례받을 만큼 되어 담임선생님을 대모로 하여 세례를 받았다.

그분은 강 베드로 수녀님이신데 5, 6학년 두 해 동안 나의 담임이었고 내가 졸업한 그 봄에 수도원에 입회하셨다. 10년 후 내가 입회했을 때 나의 수련장님이었고, 6·25전쟁으로 남하한 후에는 나의 원장님이셨다.

내 생애 이른 아침에 주님께서 이 땅에서 맺어주신 깊은 인연은 1983년 10월 그분이 이승을 뜨기까지 대모요 스승이요 지도자의 관계로 계속되었다.

나는 재학시절 수녀가 된다는 막연한 생각만 지녔을 뿐 확고한 마음으로 영적 생활에 힘쓰는 모습과는 거리가 멀었다. 이렇게 자기 소명에 거의 무심한 중에 졸업을 몇 달 앞둔 어느 날 사제관 앞을 막 지나치는데 나를 부르는 소리가 있었다.

메리놀회원으로 내게 세례를 주신 미국인 권 신부님이 2층 난간에서 "지금도 수녀가 될 마음이 있소?" 하고 물으시는 것이었다. 나도 모르게 "네, 있습니다." 하자 "장 수녀님에게 가보시오."라고 하셨다.

고 장면 박사의 누이동생으로 초대원장이 되신 장 수녀님은 내가 진정 수녀 될 마음이 있으면 진학하여 4년간 더 공부하라 하셨다. 이 결정적인 말씀은 나의 앞날이 구체적으로 명시된 첫 관문이었다.

아직 비신자셨던 아버지는 "좋다고 하는 것은 다 해라." 하셨다. 졸업하자 공부를 다시 계속하려고 서둘러 집을 떠나 동경에 있는 성심고등전문학교에 입학했다.

오랜 후 나는 사제관 앞을 지나며 권 신부님의 눈에 띄게 된 것이 주님의 어김없는 섭리의 순간임을 깨닫게 되었고, 희미했던 내 마음이 홀연 깨우쳐져 수련장 수녀님을 찾아뵙는 용기를 갖게 된 것을 소명응답의 특은으로 확신하게 되었다.

주님은 나의 온 인생 여정에 함께 걸으시며, 절실한 찰나에 어김없는 길목에서 당신의 충실한 종들을 통하여 손을 잡듯이 나를 이끌어주고 계심을 믿는다.

한 번 살 뿐인 인생, 가고 싶은 길 가라고 쾌히 밀어준 부모님, 오늘에 이르기까지 하느님의 손길을 대신해주신 그지없이 고마운 분들, 이제는 대부분 하늘나라로 적을 옮기시어 끝없는 지복직관至福直觀을 누리심이 부럽기만 하다.

고맙고 고마워라, 나를 두고 주님께서 하신 모든 일! 영원한 감사를 드리기 위해 '나에게도 영원한 삶을 주소서.' 하고 애원한다.

한국인 최초 방인수녀회 '영원한 도움의 성모수도회'가 설립되었던
평양에서의 기록이 거의 남아있지 않아 안타까운 **박숙안** 수녀는
이 수도회의 초창기 역사를 정리하는 것을 마지막 소임으로 생각한다.
자신을 포함해서 17명의 수녀가 북에서 내려왔는데 지금 생존해있는 8명도
모두 80세가 넘어 소중한 이야기들이 기억 속에서 사라지고 있어 큰 걱정이다.

하느님과 작은 마찰이 생겼습니다

번잡한 도로 옆에 있는 주차장에서 점심을 먹고 있었습니다.
어느 아파트 7층에서 이런 저의 모습을 본 여자가 내려와 잠을 잘 수도 없고,
주변의 악마들로 인해 고통받고 있다고 말했습니다.

아카디어스 스몰린스키 신부

저와 하느님 사이에 작은 마찰이 생겼습니다. 하느님은 저에게 순례자로서의 삶을 원하시는데, 정작 저 자신은 은수자隱修者로서의 삶을 원했기 때문입니다.

저는 미국을 떠난 후, 1973년에 이탈리아의 변방 작은 산꼭대기에 위치한 스펠로라는 마을에 살았습니다. 그 마을에 있는 '샤를르 드 푸코Charles De Foucauld'라는 수도회의 작은형제분들이 생활하고 계신 18채의 오두막집 중 한 채에서 살게 되었습니다.

오두막집은 제 마음에 쏙 들었습니다. 고독과 기도를 통하여

오직 하느님에게만 제 자신을 집중할 수 있었기 때문입니다.

저는 그러한 생활이 영원히 지속되기를 원했기에 나중에는 알제리에 가서 사하라사막의 작은형제분들의 오두막집에서 살고 싶었습니다. 그곳은 저명한 작가이자 작은형제였던 까를로 까레또Carlo Caretto 씨에게 종교적 사명감을 일깨워준 정신적 수양지이기도 합니다.

그러나 알제리 당국에서 두 번이나 저에게 비자 발급을 거부해 물거품이 되었습니다.

이것 말고도 여러 가지 사건이 저의 순조로웠던 은수자로서의 삶을 그만둘 때가 됐음을 느끼게 했습니다. 그 메시지는 바로 하느님께서 저에게 '길에서 보내는 인생' '길에서 보내는 은수자의 삶'을 원하고 계신다는 것이었습니다.

처음에는 하느님의 이런 메시지에 강한 반발을 느꼈습니다. 메시지를 듣는 순간 저는 두려웠습니다. 순례자의 삶은 스캔들 가득한 인생을 의미했고 나중에 제 인생에서 실제로 일어난 일이기도 합니다.

저는 유럽에서 홀로 순례길에 오르기로 결심했는데, 제 순례 인생의 진정한 목적은 게세마니동산에서 '혼자' 쓸쓸히 모든 아픔을 감당하신 예수님의 고통에 동참하는 것이었습니다. 이것은 묵주기도의 첫 번째 신비에 해당하는 부분이기도 합니다.

저는 교회 지도자의 권유와 지방주교님의 허락을 받고 1년간의 안식년 동안 로레또의 '성가족의 거룩한 집The Holy House of the Holy Family'에서 순례자 생활을 시작하였습니다.

그러나 그때까지도 제 마음속에는 의심이 남아있어서 주님께 제가 바른길을 가고 있다는 것을 증명할 또 다른 징표를 보여주시길 요청했습니다.

수도자로서 34년, 신부로서 27년을 살아온 제가 하느님께 빵을 요구한다면 그것은 굉장히 창피한 일입니다. 그래서 저는 주님께 만약 제가 이 로레또라는 곳에서 4주 동안 옷 한 벌로 돈 한 푼 없이 가난한 사람이 되어 살아남을 수 있다면, 그때는 순례자 생활이 주님의 뜻이라는 것을 받아들이겠다고 했습니다.

4주 동안 저는 죽은 폴란드 병사들이 묻힌 공동묘지 주변에서 자며 피크닉 장소나 쓰레기통의 빵부스러기들과 숲속의 야생 딸기들을 주워 먹었습니다. 그때의 배고픔은 이루 말할 수 없었습니다.

끊임없는 기도와 함께 4주가 지나갔습니다. 저는 여전히 건강하게 살아있었습니다. 마지막 징표가 있은 후에, 저는 침낭이나 텐트 없이 잠을 자더라도 주님께 굳게 의지하겠다고 마음 먹었습니다. 이렇게 흔치 않은 경험을 통하여 저의 신앙은 한층 깊어졌습니다. 저를 이탈리아 성당의 신부로 파견하려던 주변 사람들의 권유에도 흔들리지 않고 주님이 정해주신 길을 가게 되었습니다.

순례자로서 저는 맨 처음 로마로 향했습니다. 교회와 교황님을 향한 경의를 표현하기 위해서였습니다.

이후 루르드로 향하는 도중 하느님께서는 파르마에서 수사들을 위해 요리를 하는 신심 깊은 자매 한 분을 통하여 저에게 말씀하셨습니다. 그분은 강하고도 반복적인 어조로 제가 남쪽 시라큐스 지방으로 가 눈물의 성모마리아 성지를 방문해야 한다고 하셨습니다.

시라큐스로부터 멀지 않은 곳에서 만난 한 베네딕토 수도승이 순례 인생을 견딜 수 있는 선물을 주었습니다. 그것은 마리아사제운동에 의해 출간된 〈성모님의 메시지〉 초판입니다.

1940년대 프란치스코회 신학생이던 때 티 없으신 동정성심을 향한 봉헌으로 시작된 성모님을 향한 저의 진실한 애착에 그 소책자는 다시 불을 붙이는 계기가 되었습니다.

그리하여 저는 성모님을 수도원장님이자 여왕님, 그리고 어머니로서 섬기게 되었습니다. 수도원장처럼 성모님은 저에게 매일, 심지어 매시간 지침과 명령을 내려주셨습니다.

어느 수도원장님이 소속 수사들에게 "복음서를 글자 그대로 따르라."고 하거나 어느 날 갑자기 "시라큐스를 당장 떠나거라. 네가 가진 모든 것을 버리고 식량과 돈 없이 떠나거라." 하겠습니까?

하지만 성모님은 이런 명령을 내렸고 저는 이러한 성모님의 요청을 신속하게 따랐습니다. 주님의 은총은 제가 이 모든 것을 완전히 믿으며 또 제 자신을 하늘에 계신 아버지의 부권父權과 애정으로 가득 찬 섭리에 맡기도록 했습니다.

순례 도중에 질병이나 빈곤의 위기가 닥치면 하느님께서는 성모님의 중재로 저를 도와주셨습니다. 이 도움은 항상 제가 기대하거나 생각하는 방법과는 전혀 다르게 찾아왔습니다.

순례자로서 여행 중, 병원에 세 번 입원했고, 치과에 가야 했던 적은 셀 수 없이 많았습니다. 그럴 때마다 성모님께서는 의료비 청구서를 취소해주시거나 돈을 대신 내주심으로써 저를 도우셨습니다. 심지어 윗니와 아랫니를 새로 바꾸어야 했을 때도 말입니다. 여관에서 가끔씩 저를 거부하는 경우에도 성모님께서는 정말 놀라운 방법으로 저를 도우셨습니다.

지난 26년 동안 성모님은 저로 하여금 수많은 장소를 방문하게 하셨습니다. 루르드, 메주고리예, 크라코우에 위치한 성모마리아성당, 폴란드 체스토코바에 있는 유명한 검은 마리아동상, 성 조반니로톤도 등.

하지만 그 긴 여행 동안 여행 거리나 성지참배 횟수 같은 것은 세지 않았습니다. 그런 숫자에 신경 쓴다는 것 자체가 무의미했습니다. 유럽 전역을 동쪽 포르투갈에서부터 서쪽 러시아 국경까지, 북쪽 아일랜드에서부터 남쪽 시칠리아의 시라큐스까지 순례했습니다.

순례를 하며 제가 신었던 신발의 수는 헤아릴 수 없지만, 모두 다 기부받았습니다. 물집이요? 물론 걷는 중에 많이 생겼습니다. 다행히 체스토코바에서 만난 폴란드 간호사에게 물집예방법을 배워서 이제는 걷기에 딱 좋은 가볍고 공기가 잘 통하는 신발을 신습니다.

가끔 여행 중에 만나는 분들이 저에게 묻습니다. "왜 걸으십니까?" 그러면 저는 너무나 당연하게 대답합니다.

"기도하기 위함입니다. 쉬지 않고 기도하기 위해서! 느릿한 속도로 걸을 때, 주님께 자주 감사하고 찬양할 수 있습니다. 두 번째는 주변에 있는 주님의 아름답고 위대한 창조물들을 감상하며 이에 감사드립니다. 마지막으로 성모마리아님을 대신하여 예수님께서 3년 동안 공적 임무를 수행하기 위해서 걸으셨듯이 저도 걷고 있습니다. 탈선하고 소외당한 자들을 찾으며 말이죠."

여행을 하다 보면 고해성사를 너무 오랫동안 하지 않아 이제는 성당의 고해소에 들어갈 용기조차 없는 사람들의 고백을 들어주는 경우도 자주 있습니다.

이 모두가 저에게는 은총으로 가득 찬 순간들입니다. 순례자로서의 인생이 저에게 사람들의 도움 요청에 항상 응답할 수 있게 한다고 믿습니다.

지금에서야 하느님께서 얼마나 지혜로우시고 또 저를 생각하셨는지 알 것 같습니다. 주님께서는 제 소심한 성격으로 사람을 피해 고독을 찾을 것을 아셨기에 저로 하여금 은둔자로서의 생활을 벗어나게 하신 것입니다. 아마도 저의 고독은 스스로를 자만심으로 인도했을 것입니다.

하루는 번잡한 도로 옆에 있는 주차장에서 점심을 먹고 있었습니다. 어느 아파트 7층에서 이런 저의 모습을 본 한 여자가 내려와 자신에게 생긴 몇 가지 심각한 문제를 들려주었습니다. 그녀는 잠을 잘 수 없고, 주변의 악마들로 인해 고통받고 있다고 말했습니다. 그 자신, 가족, 살고 있는 아파트를 위해 고해성사, 구마기도, 그리고 축복이 필요한 상황이었습니다. 그날 하느님께서는 그녀의 삶과 가정을 방문하셨습니다. 이것이 바로 제가 순례하는 성직자로서의 소명을 굳게 믿는 이유입니다.

'걷는 성직자'들의 필요는 참으로 절실합니다. 프란치스코회 수사로서의 소명이 얼마나 저에게 잘 어울리는지를 자주 깨닫습니다. 하느님을 위해 길을 열고, 선교활동을 하고, 가난과 고립의 정신으로 살아가는 그것이 바로 프란치스코 아씨시 성인의 아름다운 정신입니다.

그리고 저는 집과 권력 또는 자리를 원하며 인생의 상례常禮에 빠져드는 것에서 자유롭게 벗어날 수 있습니다. 예상치 못한 어려움을 만나더라도 이 모든 것들은 잘 해결될 뿐 아니라 주님의 은총으로 더 좋은 결과를 가져오기도 합니다.

1977년 처음으로 팔레스티나 성지에 갔습니다. 그것은 굉장히 대담한 여행이었습니다. 2월에 로마에서 여정을 시작하였을 당시 주머니엔 150리라밖에 없었지만 트리에스테와 자그레브, 유고슬라비아 그리고 터키를 거쳐 시리아와 요르단에 이르렀습니다.

이스라엘 국경에 닿았을 땐 6월 6일이었는데, 그때서야 저는 그날이 유대인들의 안식일이어서 모든 건물과 가게가 문을 닫아 하루를 기다려야 된다는 걸 깨달았습니다.

저는 길을 잃었고, 그래서 어느 마론교 목사관에서 신세를 지게 되었습니다. 처음에 그 목사님은 저에게 많은 친절을 베풀어 주셨습니다. 그러나 제가 미사를 라틴어로 드리자 태도는 갑자기 바뀌었습니다.

떠나기로 되어있던 월요일, 제가 아침을 먹고 있을 때 그분은 저에게 빵을 던졌습니다. 그리고 화를 내며 말하기를 "당신의 교구장은 완전히 미쳤소! 어떻게 당신을 돈 한 푼 없이 이렇게 돌아다니게 할 수 있소?"라고 했습니다.

저는 속으로 말했습니다.

'만약 그렇다면 하느님께서는 나의 교구장님보다 더욱 미친 분이시군요. 왜냐하면 그분께서는 단 하나뿐인 아드님을 이 세상에 돈 한 푼 없이 보내셨으니까요.' 사실 저는 제가 이런 생활을 할 수 있게 허락하시고 저를 믿어주시는 교구장님께 항상 감사를 드려왔습니다.

제가 순례 생활을 시작한 지 어느덧 26년도 넘습니다. 어떤

거주지나 보호도 없이 말이죠. 시작하던 때부터 저는 제 교구의 어떠한 원조도 원치 않았습니다.

많은 분들이 저에게 한 지역에 정착하거나 비어있는 성직자 자리를 맡아줄 것을 요청했지만 진정 주님께서 원하시는 순례자로서 살아야 한다는 확신으로 모두 다 거부했습니다.

우리 모두는 하느님께 어떤 방식으로든 부름을 받습니다. 그렇다면 순례자의 인생을 살아가야 할 분들께 제가 어떤 조언을 해드릴 수 있을까요?

먼저, 우리들 가운데서 쉬지 않고 걸으신 순례 인생의 예수님을 본받으십시오. 예수님께서는 제자들도 같이 걸을 것을 요구하셨습니다.

둘째, 항상 우리 자신이 하느님의 존재 안에 살아가고 있다는 걸 명심하며 '흠 없이' 살아야만 합니다. 우리의 삶이 주변 사람들과 세상에 본보기가 되어야만 합니다. 특히 순례자는 가난하고 단순하며 항상 배고픈 삶을 산다는 것을 명심해야 합니다.

셋째, 순례자로서 살아가려면 항상 이 세상을 위한 기도자가 되어야 합니다. 세상의 모든 창조물을 찬양하는 기도자, 배고픔 · 괴로움 · 외로움으로 고통받는 자들을 위하는 기도자, 사랑 그 자체이신 하느님을 위해 하루하루를 사랑으로 살아가는 사랑의 기도자가 되어야 합니다.

넷째, 항상 우리를 도와주고 보호해주시는 수호천사에게 헌신하면 마음의 위안을 찾을 것입니다.

마지막으로 저는 성모님의 티 없이 맑으신 성심께 봉헌하는 분들을 칭찬하고 싶습니다. 성모님께서 예수님의 어머니셨듯이, 십자가 아래 무릎 꿇으셨던 성모님을 예수님께서는 우리의 어머니가 되게 하셨습니다.

매일의 양식을 포함한 일상의 모든 일에서 저는 성모님의 도움을 청합니다. 성령으로 가득 찬 비오 신부님의 말씀처럼 '세상의 모든 죄인들이 성모님을 사랑할 수 있게' 됐으면 좋겠습니다. 주님께서 그분의 은총을 세상에 퍼뜨리기 위해 저를 선택하신 것이 너무나도 기쁠 뿐입니다.

날마다 이른 새벽에 일어나 십자가의 길을 걸으며
조용히 기도로 하루를 시작하는 **아카디어스 스몰린스키** 신부는
자기 안에 하느님의 현존을 구체화하기 위해 오늘도 순례를 하고 있다.

김 수녀님의 부활

어느 날 내가 자선병동을 찾았을 때 수녀님은 방에서
큰 냄비에 닭을 삶고 계셨다. "환자들이 잘 먹지 못해서…"라며
웃으시는 모습이 마치 어머니가 고향에 돌아온 아들을 위하여
씨암탉을 삶아내는 모습 같이 느껴졌다.

이경식 내과전문의

김 수녀님을 가톨릭병원에서 처음 만났다. 의료비를 낼 수 없는 가난하고 병든 사람들을 입원시켜 치료해주던 자선 병동에서 간호 수녀로 그들을 책임 맡고 계셨다.

어느 날 내가 자선 병동을 찾았을 때 수녀님은 방에서 큰 냄비에 닭을 삶고 계셨다. "환자들이 잘 먹지 못해서…"라며 웃으시는 모습이 마치 어머니가 고향에 돌아온 아들을 위하여 씨암탉을 삶아내는 모습 같이 느껴졌다.

또 하루는 당신이 먹지 않고 가져온 계란 몇 알을 주머니에서

꺼내 놓으시고는 "환자들의 영양상태가 좋아져야지." 하시며 즐거운 표정을 지으셨다.

가난한 이웃을 위하여 끝없는 선행을 베푸시던 수녀님이 폐암에 걸려 마지막 날들을 서울에 있는 수녀원에서 지내게 되어 나는 수시로 찾아가 뵐 수 있었다.

암 환자들이 마지막 순간에 제발 안 아프게 해달라고 소원할 만큼 통증은 말기 암환자에게 공포의 대상이다. 그런데 수녀님은 그 극심한 통증에도 진통제를 거절하셨다. 예수님도 십자가에서 수난을 당하셨으니 자신도 예수님처럼 약물 없이 당하는 고통을 이웃의 영혼구속救贖을 위하여 주님께 봉헌하겠다고 하셨다.

어느 날인가 수녀님이 엉엉 소리내어 우시는 것을 보았다. 아파서 참을 수 없으셨던 것이다. 너무 안타까워 진통제를 맞으시라고 권유했다.

수녀님은 땀을 뻘뻘 흘리며 숨소리를 헉헉 가쁘게 몰아쉬면서도 천천히 "예수님은 못 세 개로 십자가에 매달리시고, 가시관도 쓰시고, 또 창에 찔리셨습니다. 제가 어찌 이 고통을 받지 않겠습니까?" 하며 힘들게 거절하셨다.

수녀님은 자신의 고통을 통하여 주님께서 수많은 영혼들을 구원하고 계시다고 기뻐하셨다. 나는 그런 수녀님을 바라보면서 고통의 가치를 새롭게 깨달아갔다.

우리가 병중이거나 일상생활에서 십자가처럼 느껴지는 고통을 하느님과 이웃을 위해 봉헌하는 가치는 무한하다. 예수님이 십자가의 수난을 통하여 우리 인간을 구원하셨기에, 우리의 고통 봉헌은 십자가에 달리신 그리스도의 모습을 재현하고, 그리스도의 수난과 하나가 되기 때문이다.

나는 고통받는 이들에게 이렇게 기쁜 소식을 외치고 싶다.

"형제자매들이여, 당신이 매일같이 고통받을 때 그 고통을 주님께 봉헌하십시오. 그것은 예수님의 십자가 수난처럼 우리 인류를 구속하는 공로가 되는 것입니다."

인간이 겪는 수난의 고통은 인류가 존재하는 한 계속해서 그리스도의 수난에 보태지는 것이며, 그것은 그리스도의 몸인 교회를 위하여 그리스도의 남은 고난을 우리 몸으로 채워가고 있는 것이다. 얼마나 놀라운 신비인가! 이것은 바로 그리스도께서 우리에게 베풀어주신 은혜이다.

김 수녀님은 정신적으로도 수난의 십자가를 짊어지셨다. 나조차도 수녀님이 고통스러워하시면 진통제를 사용하라고 권하곤 했는데 그때마다 수녀님은 가슴 아파하며 자신을 이해해달 라고 말씀하셨다.

수녀님 몸이 극도로 쇠약해져 대소변도 가릴 수 없게 되자 동료 수녀님의 도움을 받게 되었다. 동료 수녀님이 주의하지 않고 수녀님의 몸을 다루면 아파서 어쩔 줄 몰라 하시다가도, 예수님의 수난을 생각하시고는 그 통증을 참고 기쁘게 웃으셨다.

그 모습을 보고 동료들은 왜 그리 잘 웃는지 모르겠다면서 아프지도 않은데 엄살 부린다고 오해하곤 했다. 김 수녀님은 가슴 아파하며 예수님의 수난에 관하여 말씀해주셨다.

"예수님은 사람으로부터 심한 고통을 받으셨지요. 예수님이 채찍질과 가시관, 침 뱉음과 모욕을 받으시고, 십자가에 달리시자 제자들은 다 도망가고 베드로도 예수님을 부인했지요.

또 옆에 있던 강도, 지나가던 사람, 바리사이파 사람, 군인들까지도 조롱했지요. 저는 제 동료들이 저를 이해하지 못할 때마다 저의 아픈 마음을 예수님께 봉헌하고 있어요."

나는 남에게 모욕과 천대와 멸시를 받는 사람들에게 이렇게 말하고 싶다.

"형제자매들이여, 당신들이 모욕과 조롱과 천대를 받을 때 기뻐하시오. 당신들의 고통을 하느님께 봉헌하면 당신은 그리스도를 닮아가며, 주님은 그 고통을 인류의 구속사업에 사용하십니다."

김 수녀님은 영적으로도 많은 고통을 당하셨다. 어느 날 수녀님은 상기된 얼굴로 말씀하셨다.

"어젯밤 저는 밤새도록 마귀와 싸웠지요. 마귀가 저에게 그렇게 고통을 받지 말고 진통제를 사용하라고 속삭였어요. 내가 완강히 거부하자 화가 나서 어쩔 줄 몰라 하며 내가 받을 고통을 보여주며 견디지 못할 것이라고 했어요. 그래서 구마경을 외우면 마귀가 도망갔다가 내가 조금 방심하면 또 나타나선 저를 밤새도록 유혹해요."

나는 그 말을 듣고서 인간의 고통과 죽음이 사탄의 도구로 사용된다는 것을 실감했다. 그리고 예수님의 구속사업이 완성된 후에도 하느님이 현세에서 고통과 죽음을 없애지 않으신 이유도 알게 되었다.

우리가 고통과 죽음을 겪는 순간, 하느님 아버지께서는 주 예수 그리스도의 영을 보내시어 예수님의 십자가 사건과 똑같이 우리 인간이 고통과 죽음을 이기도록 하시어 부활의 생명으로 이끄시고, 고통과 죽음의 장본인인 사탄을 하느님 사랑으로 정복하셔서 부활의 생명을 주시는 것이다.

그 당시 나는 수녀님을 바라보면서 수녀님이 십자가에 달리신 그리스도라고 생각했다. 그런데 더 놀라운 것은 그 수난 속에서 부활하신 그리스도의 모습을 보여 주시는 것이었다.

나는 김 수녀님이 수난의 그리스도를 닮아가며 점차 부활의 그리스도를 형성해가는 것을 보면서, 죽음은 부활로 변화되며 부활은 죽음 안에서 형성된다는 것을 알게 되었다.

그렇다! 죽음은 부활의 열쇠이며 부활의 완성인 것이다! 죽음과 부활은 하나인 것이다!

많은 사람들이 참석한 김 수녀님의 장례미사에서 나는 마치 어머니를 잃어버린 어린아이처럼 마음의 안정을 잃고, 깊은 슬픔에 빠졌다.

미사 마지막에 신부님이 김 수녀님을 넣은 관을 향하여 고별기도인 사도예절을 하시면서 관에 성수를 뿌리셨다. 관 옆에 서 있던 나는 그때 깜짝 놀랐다. 왜냐하면 성령께서 내 마음속에서 말씀하셨기 때문이다.

'도시테오는 살아있다. 하느님 안에서 영원히 살아있다. 나는 아브라함의 하느님이요, 이사악의 하느님이요, 도시테오의 하느님이다. 나는 살아있는 이들의 하느님이다.'

그 순간 슬픔에 젖어있던 내 가슴은 부활의 기쁨으로 용솟음

첫으며 수녀님이 나와 함께 살고 계시다는 것을 체험하게 되었다. 바로 성인의 통공을 체험한 것이다. 그리스도의 평화가 강물처럼 흘러넘쳤다.

강남성모병원 호스피스 병동에서 일하는 **이경식**은
죽으면 그것으로 끝이 아니고 반드시 부활한다는 것을 환자들을 통해 체험하고 있다.
누구든지 하느님 안에서 죽음을 잘 맞이하기를 소망한다.

불현듯 장미향기가

밤기운이 차가운 계절이었다. 집으로 돌아올 때였다.
불현듯 장미향기가 나를 감싸고 도는 걸 느꼈다.
앞에서, 옆에서, 뒤에서, 고개를 돌리는 대로 신비로운
장미향기가 나를 따라오고 있었다.

김후란 시인

나이 육십에 비로소 "저는 가톨릭 신자입니다."라고 말하게 되었다. 나 혼자만의 비밀이었던 성모님과의 만남에 관한 이야기도 이제는 해도 될 듯하다.

학창 시절에 친구들과 어울려 교회 찬양대원으로 참여한 적도 있고 세례를 받을 기회도 있었으나 '신앙심'이라는 거창한 자기 몰입에 자신이 없어 스스로 세례받기를 거부했던 경험이 있다. 오래 전부터 가톨릭에 관심이 많았지만 그건 하나의 감상일 뿐이었다.

멀리 바라보는 신부님이나 수녀님의 정결한 모습과 헌신하는

삶이 아름답게 비쳐졌고, 때로는 길을 가다가 성당 안에 들어가 한동안 앉아있기도 했으나 그것은 단순한 감상적인 관심이거나 분위기가 좋았기 때문이었다.

평생 어떤 종교에도 빠져들지 못한 나였지만 하느님을 경배 하는 마음은 없지 않았다. 예수님의 자기희생과 그 어머니 성모 마리아님 신고辛苦의 모성애에 끝없는 외경심을 가지고 깊이 생각해보기도 했다.

아드님의 남다른 생애에 추호의 주저함 없이 뒷받침을 하시고 끝내 그 뼈아픈 죽음의 현장을 지켜보아야 했던 처절한 아픔과 믿음의 크기를 짐작해보는 시간도 가져보았다. 그러면서도 종교인이 되는 데는 용기가 필요했고 어떤 계기가 필요했던 듯하다. 서약의 중요성을 알고 있기에 어떤 굴레도 원치 않는 나의 속된 이기심이 언제나 방어벽이 되었다.

그 방어벽이 소리 없이 무너지면서 나를 신앙의 길로 들어서게 한 운명적인 인도가 있었다. 건강하던 남편이 갑자기 쓰러져 중환자로 누워있게 된 것이다. 그 앞에서 망연자실해 있는 나에게 가톨릭 신자인 아들 부부가 조심스럽게 병자성사를 제의해서 나는 자연스럽게 응락했다. 환자 자신도 그렇게 해달라고 하였다.

남편이 마지막이 될지도 모른다던 위기를 넘기고 천주님 은총으로 병세가 호전되어 집에서 요양을 하게 되었어도 정작 나는 성당 문턱을 들어설 각오가 서지 않았다.

그러던 어느 주일날, 언제나처럼 아들네가 신당동성당으로 간 다음 나는 책을 펴들고 앉았다. 그때 불현듯 가슴속에서 뜨

거운 불기둥이 솟구치면서 '나도 성당에 가야지!' 하는 소리가
저절로 나왔다. 집을 나선 걸음이 날아갈 듯 가벼웠다.

그렇게 성당을 자진하여 찾아갔다. 어떤 이끌림… 그 보이지
않는 손길이 부드럽게, 그러면서도 거부할 수 없는 강한 힘으로
나를 데려다주셨다. 신앙의 깊은 골짜기로 들어서는 자신이 하
나도 두렵지 않았고 신기하게도 오히려 심정적 자유로움에 마
음이 편해졌다.

1995년 12월, 세례를 받기 위해 특별 교리 공부를 하게 되었
다. 밤기운이 차가웠다. 성당에서 강의를 듣고 집으로 돌아올
때였다.

불현듯 장미향기가 나를 감싸고 도는 걸 느꼈다. 앞에서, 옆
에서, 뒤에서, 고개를 돌리는 대로 신비로운 장미향기가 나를
따라오고 있었다. 나는 걸음을 멈추고 향수를 뿌린 사람이 지나
갔나 하고 사방을 둘러보았으나 호젓한 그 길에는 나 이외에는
아무도 없었다.

담장 너머 어느 집에서? 아니면 가로수에서? 하고 눈여겨보
았으나 그 역시 계절이 겨울로 접어든 시기라 꽃이나 나뭇잎 향
기가 있을 리 없었다.

그 순간 나는 온몸에 전류가 흐르는 듯 기절할 것 같이 정신

이 아득해지는 것이었다. 장미꽃으로 단장하신 성모님이 내 곁에 계셨다! 내 곁에 성모님이 계셨다! 그걸 깨달은 순간의 감동을 어찌 글로 표현할 수 있을 것인가.

횡단로를 건널 때 장미향기는 더 이상 없었다. 그러나 내 몸은 뜨거이 달아올라 손에서 땀이 나고 가슴이 두근거렸다. 얼굴도 붉어졌던지 집안에 들어서자 가족들이 놀라운 듯 나를 맞았다. 그리고 며칠 후 은혜로운 세례를 받았다.

숭엄한 신앙 세계의 체험인 그날의 감동은 오래도록 나를 사로잡고 있다. 내가 비틀거릴 때나 주저할 때 가만히 다가와 손을 잡아주는 향기로운 분이 계시다. 나는 성모님의 따뜻한 인도로 주님을 찾는다.

서울 남산자락에 '자연을 사랑하는 문학의 집'을 연 **김후란**은
문인들과 문학을 사랑하는 시민들과의 만남을 5년째 계속하고 있다.
남산의 나무들을 차분히 바라보면서 걸어갈 수 있는 늘 여유로운 삶을 살고 싶다.

운동권에는 답이 없었다

동료들이 함께 부르던 성가는 운동권에서 술을 마시면서 부르던
결의와 투쟁을 다짐하는 노래와는 달랐다.
마치 어머니 품속에 잠기는 느낌이었다.

전합수 신부

재수를 하고 서울대 사회과학대학에 들어갔을 때 대학 생활
은 고등학교 때 생각하였던 바와는 너무나 달랐다. 1981년의 사
회는 지금으로서는 상상하기 어려울 정도로 혼란스러웠다. 특
히 캠퍼스의 분위기는 더욱 그러하였다.

나는 대학선배들로부터 고등학교 때와 전혀 다른 가치관을
배우게 되었다. 이념의 프리즘을 통해 한국경제와 민족사에 대
한 공부를 하면서 농민이나 노동자, 그리고 철거민 등 이른바
경제적으로 소외되고 있는 사람들의 문제가 개인의 문제가 아

닌 사회 구조적인 문제로 보는 훈련을 받게 되었다. 이것이 사회과학 공부, 소위 운동권 공부라는 것이었다.

처음에는 신앙과 조화를 이루는 것처럼 보이던 사회과학 공부가 이데올로기 쪽으로 점점 깊어지면서 신앙과 어긋나는 점이 보이고, 이데올로기를 중시하는 사람들의 행동에서 여러 가지 모순점을 발견하게 되었다.

외적으로는 정의와 평화, 균등한 분배를 외치지만 실제로는 주위 사람들과 화합하지 못하고 목적 달성을 위해서 상식이나 양심에 어긋나는 일을 할 때도 있었다.

부유한 사람들을 무조건 적대시한다거나 부자의 것은 설사 그것이 남의 것이라고 해도 그냥 가지고 와도 괜찮다는 식의 생각, 또는 학생운동이나 데모를 하면서 돌을 던지고 화염병을 던지더라도 죄책감을 느낄 필요가 없다는 식의 생각 등은 정상적인 신앙을 갖고 사는 나로서는 받아들이기 어려운 점들이었다.

나 스스로도 가족 안에서 불화를 일으키고 절제력을 잃고 방황을 할 때가 많아졌다. 자칫하면 폐인이 될 수 있겠다는 생각이 들 정도였다. 아무리 지식을 많이 쌓아도 실천하지 않고, 아무리 입으로 외쳐도 말과 행동이 일치하지 않으면 소용없는 일임을 나는 차츰 자각하기 시작했다.

그러나 내 안의 어둠은 짙어갔고 삶의 괴리감은 더 커져만 갔
다. 아무리 화를 내지 말자고 해도 특별한 이유 없이 집에서 화
를 자주 내고 담배나 술을 먹지 말고 공부를 하려고 해도 그렇
게 되지 않는 것이었다.

나는 내 안에서 추구하는 인간상과 내가 원하지 않는 인간상
이 서로 갈등을 일으키며 분열되어 있다고 생각했다. 나는 신앙
과 행동의 부조화, 앎과 삶의 부조화의 병에서 벗어나고자 노력
했으나 소위 운동권에서는 그 답을 찾을 수가 없었다.

내가 추구하는 인간성과 현실로 나타나는 내가 원하지 않는
인간성 사이의 부조화에 대하여 고해성사를 보곤 했으나 고해
신부님의 말씀은 언제나 피상적으로 들렸고 내가 요구하고 있
는 근본적인 문제의 해결책을 제시해주지 못했다.

어느 비 오는 날 나의 어깨에 빛나고 있는 일류대학 배지가
장차 사회에 무슨 도움이 될까 생각해 보았다.

대학 1년을 마칠 때쯤 함께 가톨릭 학생회에서 활동하던 한
친구가 나의 방황을 보고 나에게 성경 공부를 해보지 않겠느냐
고 권고하는 것이었다. 데모나 운동권에는 전혀 참여하지 않고
성경 공부와 묵상 그리고 기도하던 그 친구는 지금 예수회 사제
가 되었다.

처음에는 그 친구의 말을 무시했지만 내면에서 지칠 대로 지쳐 지푸라기라도 잡아야겠다고 생각한 나는 마침내 성경 공부에 참여하게 되었다.

내가 처음 찾아간 곳은 흑석동의 한 선배 집이었다. 나와 비슷한 또래의 대학생 십여 명이 모여앉아 성가를 부르고 묵상을 나누는 성서모임을 하고 있었다.

그 집에 들어가자마자 나는 알 수 없는 힘과 위로를 느끼며 마침내 내가 와야 할 곳에 왔구나 하는 느낌을 받았다. 동료들이 함께 부르던 성가는 운동권에서 술을 마시면서 부르던 결의와 투쟁을 다짐하는 노래와는 달랐다. 이상하게 마음이 편안했다. 마치 어머니 품속에 잠기는 느낌이었다.

그해 겨울, 나는 하느님의 섭리로 성경을 붙들고 살았다. 과거 내가 알던 성경은 '살아있는 말씀'으로서의 성경이 아니었다. 단편적인 지식이었고 '죽은 문자'로서의 성경이었다.

그러나 이렇게 동료들과 함께 신·구약을 넘나들며 함께 묵상하고 기도하다 보니 성경의 말씀이 정말 살아 움직이며 내 가슴 속에 꽂히는 느낌을 받았다.

마음에 사무치는 체험을 하는 날이 많아졌다. 어떤 분의 신앙

쌍둥이 형과 첫영성체 날에

체험을 들으면서 나는 한 시간 내내 눈물을 흘리기도 하였다. 내 영혼이 열려 성경 말씀은 진정 '사람 속을 꿰 찔러 혼과 영을 가르고 관절과 골수를 갈라'히브 4, 12 사람을 거듭 태어나게 한다는 것을 진정으로 체험하게 되었다.

하루에 3~5시간씩 동료들과 함께 성경을 보고 해석했다. 기도하고 노래하는 중에 파괴되고 어지럽던 인성人性은 다시 하느님께서 원하시는 본래의 인성으로 서서히 회복되어 갔다.

겨울 방학이 끝날 즈음 나는 생각과 행동이 일치되지 못했던

긴 터널에서 벗어나 있었다. 만나는 한 사람 한 사람, 스쳐 지나가는 바람 한 줄기, 잎새 하나에서도 하느님의 손길을 체험할 수 있었다. 술과 담배 연기 속에서 매일 욕설과 탄식, 울분으로 암울하게만 보이던 세상이 이제는 찬란한 햇살이 눈부시게 반사하는 희망으로 다가왔다.

나는 비로소 하느님이 나와 함께 계시며 내 생활 속에 생생하게 살아계신 분임을 체험할 수 있었다. 예수 그리스도의 부활의 의미가 무엇인지 그리고 부활하신 예수님의 힘과 능력이 무엇을 뜻하는 것인지를 몸과 마음으로 확실하게 체험할 수 있었다.

이후 나는 대학 생활을 중단하고 군에 입대하면서 신학교에 갈 결심을 했다. 사제가 되어 나처럼 방황하며 무엇이 참된 진리이며 참된 삶인지를 몰라서 고민하는 젊은이들에게 내가 찾은 이 복음을 전하겠다고 결심했다.

2년 반의 군 생활 동안 나는 거의 매일 성경을 읽고 말씀을 묵상하며 살았다. 논산훈련소에서는 한밤중에 화장실에서 성경을 읽기도 하였다.

하느님의 기묘한 섭리와 부르심을 체험하면서 마침내 나는 현역군인 신분으로 다시 대학입시를 치렀고 신학교에 입학해 전역과 동시에 꿈에 그리던 신학교 생활을 할 수 있었다.

그 후에도 나는 크고 작은 많은 어려움을 겪고 있지만 예수 그리스도를 통한 부활의 체험은 언제나 나를 다시 일으켜주는 힘을 발휘한다.

특별히 인생의 귀중한 시기를 보내고 있는 청소년들에게 내 인생의 이런 소중한 체험을 소리 높여 전하고 싶다. '착한 목자이신'요한 10. 11 주님께서 힘과 지혜와 용기를 허락해주시기를 간절히 기도한다.

본당에서 첫 사제를 내는 사제서품식과 본당 성전신축계획,
성서 40주간의 성공적인 끝맺음 등 의미있는 결실을 맺은 **전합수** 신부는
긴장이 풀려서인지 최근 심한 몸살을 앓았다.
하지만 부모님과 13년만에 떠난 설악산 단풍여행에서 큰 위로를 얻었다.

비오 신부

비오 신부가 겪는 고통을 좀 나누어달라는 한 여인에게
그가 한 말은 우리의 등골을 오싹하게 한다.
"여보시오, 당신 지금 무슨 말을 하고 있는 거요?
이 고통을 당신이 받는다면 당신은 죽고 말 거요."

최옥식 교수

찰싹! 회초리로 얻어맞는 기분이었다. 진한 장미꽃 향기가 콧전을 때린 것이 불과 2, 3초, 향기는 온데간데없이 사라졌다.

그 순간 방금 읽은 비오 신부를 떠올렸다. 어쩌면 그분이 보낸 향기일지도? 그러나 염치없다는 생각에서 아무에게도 말하지 않았다.

1966년의 성모승천대축일, 오스트리아의 람바흐에 있는 베네딕토 수도원에서 점심 잘 얻어먹고 나오는데, 마인라아트 수사가 내게 불쑥 비오 신부를 아느냐고 묻더니 소책자를 내 방에

던져 놓고 갔다.

나는 그날 오후의 일이 전혀 기억나지 않을 만큼 책에 몰입해 처음으로 비오 신부를 알게 되었다.

타계한 지 34년 만인 2002년 6월 16일에 시성되어 성인 반열에 오른 이탈리아 태생의 비오 신부는 한마디로 초자연적 삶을 산 사람이다. 50년 이상 몸에 지닌 주님의 오상五傷뿐 아니라, 그의 심상찮은 모든 언행은 보는 이로 하여금 입을 다물지 못하게 한다.

하늘과 직통하는 영의 사람이었던 그는 전 생애에 걸쳐 많은 기적을 행했다. 이처소재二處所在로 자기 수도원에 머물면서도 세상 여기저기서 사도직을 수행하여 사람들을 도왔다.

사람들의 고통이 심하면 자기가 그 고통을 덮어썼고 병을 고쳐 달라면 병을 고쳐주었다. 때로는 향기를 보내어 여러 가지 메시지를 전달하기도 했다.

멀리서 오는 사람이 어떤 생각으로 자기에게 오는지도 훤히 알고 있었다. 그래서 그의 고해소에서는 고해 '요령'이 필요하지 않았다. 남의 마음을 훤히 꿰뚫어 보는 비오 신부의 지적 앞에서 그 누구도 무사하지 못했다. 그것은 '적당히' 믿는 사람들에게는 대단한 충격이었다.

무엇보다 그에게 놀라운 것은 신앙의 투명성이었다. 그것은 정말 보통 신앙이 아니다. 가령, '오른손이 하는 일을 왼손이 모르게' 하고 '생각을 품은 사람은 벌써 마음으로 범했다'는 말씀을 철저히 실천한 그는 범인들의 적당주의와는 그 차원부터가 달랐다. 그 많은 기적은 모두 영혼 치유를 위한 전주곡이었다.

그는 많은 시련과 유혹을 받았고 고통과 과로로 만신창이가 되기도 했다. 81세를 일기로 마감한 그의 비상한 생애는 한 인간을 신뢰하신 주님의 지극하신 사랑에 차 있었으니, 같은 시대를 살면서 그를 알았다는 사실은 주님의 메시지를 듣는 것과 하나도 다르지 않다.

가톨릭교회 역사상 첫 번째 오상을 지닌 비오 신부는 과연 가톨릭을 가톨릭답게 산 보배였다. 가톨릭이 무엇인가. 하늘과 땅 모두에 걸쳐 모든 것을 포괄하면서 인간을 가장 합리적으로 지도하는 종교가 아닌가.

그러나 우리가 편리한 삶을 추구하는 사이, 많은 것이 우리 생활에서 떨어져 나갔다. 냉담자들도 그 가르침을 몰랐거나, 알아도 무시했기 때문에 생긴 것이다. 하느님과 예수 그리스도와 성령을 그들은 '나 몰라라' 했다. 교회와 성사 생활을 잘 몰랐다는 것은 믿음에 자신이 없다는 것이다. 그 어느 위격도 눈에 보이지 않았기 때문이다.

그것을 '보여준' 사람이 비오 신부였다. 고해소에서 비오 신부에게 한 번 '당한' 사람들은 그제야 눈을 떴다. 그의 미사에 참석한 사람들은 시간 가는 줄을 몰랐다.

제대 앞의 그는 희생양 바로 그것이었다. 성모님은 그의 어머니이기도 했다. 50년 동안 끊임없이 피를 흘렸던 오상은 자신의 등록상표 이상의 의미를 가지고 있었다. 오상의 고통은 자기 사명의 무게와 구별되지 않는다. 그는 돌아다닐 수 없었으나 온 세상 사람들이 그에게 왔다. 그의 영적 자녀는 천2백 만이 넘었다고 한다.

이러한 상황에서 그가 '증명한 것'은 우리가 그토록 자신 없어 하던 믿음의 심연이었다. 그 요점은, '믿으라'는 그 한마디다. 예수님은 세상에 하느님 나라를 건설하라고 가르치셨다. 그것은 좁은 의미 안에 칩거하는 기복의 종교가 아니다. 기적이나 치유도 그분의 필요에 따라 잠시 나타난 수단에 지나지 않는다.

하지만 비오 신부님이 보여주신 비상한 사건들을 통해 우리는 하느님의 능력을 알고, 거기서 믿음에 쉽게 접근할 수 있다. 요컨대, 그렇게 해서라도 믿으라는 것이다. 비오 신부도 이 믿음을 가르치는 데 전력했다.

지금의 교회가 필요로 하는 것은 박식한 신학자도 강론자도 아닌, 겸손한 사도 겸손한 성인이다. 그 역할을 비오 신부가 담당했다는 사실은 이제 누구도 부인할 수 없다.

비오 신부를 알기 전에 나는 이른바 세상의 윤리와 상식선에 따라 살았으나, 비오 신부를 통해 절대적인 신앙을 느끼고부터 신앙이 무엇인지 어설프게나마 의식하는 사람이 되었다.

〈하느님께 투명한 비오 신부〉라는 책을 쓴 드로베르 신부의 말처럼 예수님이 비오 신부 안에 사셨다면, 하느님의 진실을 우리가 나 몰라라 할 수 없다.

비오 신부는 우리에게 과도한 요구를 하지 않았다. 각자의 처지에서 최선을 다하면서 언제나 영적 생활을 의식하고 살라는 것이 그 요점인데, 이 평범한 말은 내게 위로로 다가왔다.

그 자신은 우리가 감당할 수 없는 고초를 마다하지 않았다. 한번은 그를 통해 얻은 은혜에 감사하기 위해 비오 신부가 겪는 고통을 좀 나누어달라는 한 여인에게 그가 한 말은 우리의 등골을 오싹하게 한다.

"여보시오, 당신 지금 무슨 말을 하고 있는 거요? 이 고통을 당신이 받는다면 당신은 죽고 말 거요."

남모르는 초인적 희생이 느껴지는 대목이다. 사실 그는 우리가 전혀 알지 못하는 차원에서 기도와 희생으로 하늘과 땅을 잇는 제물이 되어 완벽한 사제직을 수행했다. 게다가 하느님으로부터 놀라운 카리스마를 받은 그였으니, 그를 현세의 사람으로 봐야 할지 딴 세상의 사람으로 봐야 할지….

그러던 차에 이러한 비오 신부를 널리 알려야겠다는 마음으로 독일어로 된 책을, 번역에는 문외한인 내가 감히 번역한 것이 어느덧 열 권이 되었다.

이들 가운데 하나는 〈가톨릭다이제스트〉에서 '온몸으로 그리스도를 증거한 비오 신부'로 연재되었고 동시에 성바오로출판사에서 〈비오 신부의 삶과 영성〉이라는 제목으로, 또 〈오상을 받은 우리 시대의 형제-피에트렐치나의 성 비오〉라는 제목으로 출판되어 내 잔잔한 기쁨이 되기도 했다.

그의 본질을 아는 사람은 아무도 없다. 예수님과 성모님과 수호천사를 직관한 비오 신부는 물론 어엿한 한 사람이었으나, 사람치고는 도대체 상식을 초월했다. 그가 존재했다는 엄연한 사실에서 우리는 그가 아닌 한 분의 절대자를 알아본다.

그를 놀라워하지 않는 길은 우리도 그와 같은 신앙을 터득하여 주님과 일치하는 데 있다.

교회의 부르심에 화답하여, 본당 활동 안에서 믿음의 씨앗을 전파하고, 공동체 의식으로 하느님 나라 건설에 매진한다면 우리 신앙의 기쁨은 배가 될 것이고, 우리 신앙에 확신을 준 비오 신부 역시 천상에서 기뻐할 것이다.

이 글을 쓴 이후 비오 신부님의 시복과 시성이 이루어져 말할 수 없이 기뻤다는
최옥식은 독일어로 된 비오 신부님에 관한 책 번역을 계속하여
작은 CD에 담아 주위 사람들에게 나누어주고 있다.
문필가도 아니면서 이런 일을 하는 것이 두렵기도 하지만
비오 신부님을 통해 드러내신 주님의 진실을 외면할 수가 없다.

감방으로 들어오기 전에
간수는 사람들 앞에 나를 발가벗겨 세워놓고
앞으로 옆으로 뒤로 차례차례로 사진을 찍어댔다.
나는 부르짖었다. "너무 부끄러워요!"

그때 처음으로 나는 주님의 음성을 들었다.
"나의 딸아, 너는 몇 사람 안되는 사람 앞에서
옷을 벗어도 부끄러우냐?
나는 수많은 사람 앞에 지금도 네 죄 때문에
십자가에 발가벗겨 있지 않느냐?"

사기꾼 유기분 나와라

봉쇄수녀원 쇠창살을 사이에 두고 수녀님이 먼저 말을 했다.
"학사님! 세례갱신식 생각나세요? 그때 하느님이
학사님을 통해 무슨 일을 하고자 하시는지 저는 알았답니다."
둔탁한 나무망치로 얻어맞은 느낌이었다.

나는 묻는 듯 마는 듯 선문답하듯 이렇게 말했다.
"가운데 쇠창살이 있는 것을 보니 분명 둘 중 하나는
갇혀있는 것인데, 누가 갇힌 것입니까?"
그랬더니 수녀님은 주저 없이 이렇게 답하셨다.
"저는 한 번도 갇혀있다는 생각을 해본 적이 없으니,
갇혀있다면 학사님이 갇혀있을 거예요…."

                              다시 만나기를 희망하며